MW01707222

DANS LA MÊME COLLECTION

Méditer avec Benoît XVI, P. Philippe Charpentier de Beauvillé (dir.)

Méditer avec Anselm Grün, Marie-Lys Wilwerth-Guitard (trad.)

Méditer avec Jean-Paul II, Patrice Mahieu (dir.)

Méditer avec le pape François, Michel Cool (dir.)

Méditer avec saint Paul, Jacqueline Martin-Bagnaudez (dir.)

Méditer avec saint Jean XXIII, Xavier Lecœur (dir.)

Méditer avec saint Augustin, Dom Lin Donnat, o.s.b. (dir.)

Méditer avec Paul VI, Patrice Mahieu (dir.)

Méditer avec sainte Thérèse de Lisieux, Pierre Descouvemont (dir.)

Méditer avec saint Bernard, Lode Van Hecke (dir.)

Méditer avec Mgr Jean Rodhain, Véronique Fayet (dir.)

Méditer la miséricorde avec le pape François, Michel Cool (dir.)

Méditer avec les moines de Tibhirine

Anthologie et introduction de Christophe Henning

SALVATOR

Yves Briend Éditeur, SA
103 rue Notre-Dame-des-Champs F-75006 Paris
www.editions-salvator.com
contact@editions-salvator.com

Maquette intérieure : Atlant'Communication
Maquette de couverture : Atelier Didier Thimonier

ISBN : 978-2-7067-1316-3

Introduction

Sept moines, martyrs de l'espérance

Partager la prière des moines, leur vie quotidienne, leur intimité : voilà ce que les écrits des sept martyrs de Tibhirine nous réservent. Cette lecture est bouleversante : il ne s'agit pas – excepté pour les interventions publiques du prieur, Christian de Chergé – de pensée élaborée, structurée en vue de convaincre ou même de transmettre : les mots ainsi griffonnés sur des bouts de papier, confiés à un journal personnel, adressés à des proches ou copiés sur le revers d'un livre, n'auraient jamais dû rencontrer un large public. Ces mots émouvants sont la trace ténue d'hommes de paix et de prière qui ont donné leur vie par avance. Avant leur enlèvement, qui soupçonnait même l'existence de ce petit monastère de Notre-Dame de l'Atlas, perdu dans un océan d'islam ? Les moines vivaient dans cette nature belle et aride leur vocation d'enfouissement, de silence et de prière.

Mais voilà qu'au printemps 1996, la petite communauté trappiste est prise dans la tourmente : dans la nuit du 26 au 27 mars, sept des neuf moines présents à Tibhirine sont enlevés. Après de longs jours de captivité, les moines sont assassinés par leurs ravisseurs, victimes de cette lutte fratricide qui a endeuillé l'Algérie.

Depuis l'ultimatum lancé par les islamistes le 1er décembre 1993, les moines se savaient menacés, comme tous les étrangers en terre algérienne. Quelques semaines plus tard, durant la nuit de Noël, des maquisards investissent le monastère : première alerte sérieuse. Et pourtant, ils choisissent de rester, de partager le sort de leurs voisins, comme le raconte avec force *Des hommes et des dieux*, le film de Xavier Beauvois.

Les deux dernières années n'auraient pu être vécues dans la confiance sans cet enracinement fraternel avec les Algériens. Ce qui apparaît au gré des citations, c'est la patiente maturation de la vocation de Tibhirine : ensemble, au jour le jour, pendant des années, les moines ont donné leur vie « à Dieu et à ce pays », comme l'écrit Christian de Chergé. Cet élan collectif transparaît dans les écrits des moines. Ce que dit l'un pourrait être écrit par l'autre, pensé par un troisième, proclamé par le suivant : en dépit des caractères bien trempés qui la formaient, la communion n'était pas un vain mot dans cette communauté fragile et forte à la fois. Certes, on reconnaîtra, au fil des pages, la verve poétique de frère Christophe, la plume acérée de frère Luc, la confiance de Célestin, la vision de Bruno, la fidélité de Paul, la douceur de Michel, la théologie de Christian... Chant polyphonique de l'inquiétude, de la peur, de la confiance aussi. Si chacun s'exprime selon sa tonalité, ils disent ensemble la même foi en Dieu miséricordieux. Dieu de la rencontre. Dieu toujours présent au cœur de la plus grande violence. Nul ne sait, ne saura jamais ce qu'ont vécu les moines séquestrés pendant tant de jours : étaient-ils séparés ? Ont-ils prié ensemble ? Quoi qu'il ait pu advenir, les écrits sont la trace fine de leur vie donnée, de leur confiance indéfectible en Dieu. Un témoignage contagieux de foi, de bonté, d'espérance.

Christophe HENNING

1er janvier

SAINTE MARIE, MÈRE DE DIEU

Il me faut gagner en moi le combat de la PAIX. La recevoir de Tes mains percées.

Christophe, 20 octobre 1993

2 janvier

SAINT BASILE LE GRAND ET
SAINT GRÉGOIRE DE NAZIANZE

Il nous est donné par le Seigneur de vivre ensemble dans la prière de façon extraordinaire... Tout se présente à l'improviste, mais de telles rencontres apparaissent comme le fruit mûr d'un grand désir.

Christian, 22 septembre 1975

3 janvier

SAINTE GENEVIÈVE

Je suis toujours heureux de ma vie monastique et de la vivre en terre d'islam. Tout se simplifie : Ici c'est Nazareth avec Jésus, Marie et Joseph.

Bruno, sans date

4 janvier

SAINTE ANGÈLE DE FOLIGNO

Cette unité de tous les peuples dans le Cœur du Christ semble plus évidente encore quand on se met loyalement à l'écouter d'un autre peuple en prière.

Christian, 1978

5 janvier

SAINT ÉDOUARD LE CONFESSEUR

La vie chrétienne, ce n'est pas d'abord d'écrire sur Dieu, c'est de révéler, chacun à sa manière, le visage de Jésus dans la vie de chaque jour.

Luc, sans date

6 janvier

ÉPIPHANIE DU SEIGNEUR

J'aimerais vous apporter des vœux à la mesure de l'étoile toujours fixée au ciel de notre espérance. Le mystère de l'Épiphanie peut aider à les formuler…

Christian, 2 janvier 1977

7 janvier

SAINT RAYMOND DE PEÑAFORT

Joie profonde de rester sans autre responsabilité que l'accueil du quotidien comme don de Dieu.

Christian, sans date

8 janvier

SAINT LUCIEN

La raison communautaire qui fait rester, c'est quelqu'un, Jésus-Christ, qui se tient au milieu de la communauté et dont chaque frère est le disciple.

Christophe, 1994

9 janvier

SAINT MARCELLIN

Nous sommes dans une situation à risques mais nous persistons dans la foi et la confiance en Dieu. Nous cheminons avec le Seigneur.

Luc, avril 1994

10 janvier

SAINT GRÉGOIRE DE NYSSE

Seule l'espérance peut nous maintenir à notre place.

Christian, sans date

11 janvier

SAINT PAULIN

La mort est le problème ultime qui se présente à l'homme, et le plus difficile. La mort, énigme indéchiffrable, reste notre destin à tous. [...] Être toujours et partout prêt à mourir à tout ce que nous faisons, n'être pas poussé par la crainte de l'enfer mais par l'amour du Christ.

Luc, sans date

12 janvier

SAINT AELRED DE RIEVAULX

Sommes-nous actifs ? Sommes-nous contemplatifs ? Si nous ne sommes pas l'un « et » l'autre, nous ne sommes pas à l'image et à la ressemblance.

Christian, 1990

13 janvier

SAINT HILAIRE DE POITIERS

Nous, moines, notre Office, c'est d'accueillir une prière qui n'est pas nôtre [...]. Nous prenons le cri de cette humanité qui est un cri de détresse, un cri d'action de grâce et de louange, et avec le Christ, et d'emblée en Lui, nous l'adressons au Père.

Christian, 1990

14 janvier

SAINT SÉRAPHIN DE SAROV

Les mots des psaumes résistent, font corps avec la situation de violence, d'angoisse, de mensonge et d'injustice.

Christophe, janvier 1994

15 janvier

SAINT RÉMI

Il n'y a de contemplation possible que là où il y a ouverture à la communauté de vie, à la communion, à la famille humaine tout entière.

Christian, 27 avril 1995

16 janvier

SAINT MARCEL

Esprit Saint créateur, daigne m'associer le plus vite possible – non pas ma volonté, mais que la tienne soit faite – au Mystère Pascal de Jésus-Christ, notre Seigneur, avec les moyens que tu voudras, sûr que Toi, Seigneur, tu le vivras en moi…

Michel, 30 mai 1995

17 janvier

SAINT ANTOINE LE GRAND

Oui, il y a des ennemis. On ne peut pas nous contraindre à dire trop vite qu'on les aime, sans faire injure à la mémoire des victimes dont chaque jour le nombre s'accroît.

Christophe, janvier 1994

18 janvier

SAINTE PRISCILLE

Pas de plus grand amour que de donner sa vie pour ceux qu'on aime (Jn 15, 13). Mieux vaut le faire d'avance, et pour tous, comme Jésus. De telle manière qu'il ne vous la prendra pas, celui qui croit vous mettre à mort.

Christian, 17 juillet 1994

19 janvier

SAINT MACAIRE

Espérer va nous prendre du temps [...]. L'espérance : un vrai labeur de jardinier ! Habite la terre et reste fidèle...

Christophe, Pâques 1995

20 janvier

SAINT SÉBASTIEN

Aimer Dieu en vérité, c'est accepter la mort sans réserve.

Luc, 31 mars 1995

21 janvier

SAINTE AGNÈS

Le martyre de l'Espérance n'est ni glorieux, ni brillant. Il s'ajuste exactement à toutes les dimensions du quotidien. Il définit depuis toujours l'état monastique : le pas à pas, le goutte à goutte, le mot à mot, le coude à coude…

Christian, sans date

22 janvier

SAINT VINCENT

Ma santé est précaire. Respiration pénible. J'ai dépassé 75 ans. Comme une vieille lampe, la lumière baisse et j'attends la vie du monde à venir.

Luc, 22 janvier 1989

23 janvier

SAINT BARNARD

Pour moi le jour baisse de plus en plus. Je me sens proche du départ. Comme le voyageur sur le quai, j'attends le signal sans bagages et les mains vides, me confiant entièrement à la Miséricorde de Dieu.

Luc, 21 novembre 1992

24 janvier

SAINT FRANÇOIS DE SALES

S'il nous arrive quelque chose – je ne le souhaite pas – nous voulons le vivre ici, en solidarité avec tous ces Algériens et Algériennes qui ont payé de leur vie, seulement solidaires de tous ces inconnus, innocents…

Michel, mai 1994

25 janvier

CONVERSION DE SAINT PAUL

Soyons disponibles pour que l'Esprit puisse agir en nous, par la prière et la présence aimante à tous nos frères.

Paul, 11 janvier 1995

26 janvier

SAINTS ROBERT, ALBÉRIC ET ÉTIENNE, ABBÉS DE CÎTEAUX

Notre état de MOINES nous lie au choix de Dieu sur nous qui est de prière et de vie simple, de travail manuel, d'accueil et de partage avec tous, surtout les plus pauvres.

Christian, 28 décembre 1993

27 janvier

SAINTE ANGÈLE MERICI

Moines. On est en train de le devenir un peu plus en vérité, selon l'Évangile de notre Seigneur Jésus-Christ. Et c'est ici.

Christophe, janvier 1994

28 janvier

SAINT THOMAS D'AQUIN

Présence de la mort. Traditionnellement, c'est une compagne assidue du moine. Cette compagnie a pris une acuité plus concrète avec les menaces directes, les assassinats tout proches, certaines visites…

Christian, 21 novembre 1995

29 janvier

SAINT GILDAS

Je cherche la terre pacifiée où dire : Notre Père… sans oublier personne.

Christophe, sans date

30 janvier

SAINT MARTINE

Pour ma mort, s'il y en a, qu'on me donne un verre de champagne pour dire à-Dieu à ce monde… avant le Vin nouveau.

Luc, 30 janvier 1994

31 janvier

SAINT JEAN BOSCO

Me voici devant vous, ô mon Dieu… Me voici, riche de misère et de pauvreté, et d'une lâcheté sans nom. Me voici devant vous qui n'êtes qu'Amour et Miséricorde.

Bruno, 21 mars 1990

1er février

SAINTE ELLA

Apprendre à exercer l'accueil sans exiger de réciprocité, au nom de Celui qui est venu à nous gratuitement !

Christian, 1995

2 février

PRÉSENTATION DU SEIGNEUR AU TEMPLE

Je suis une « MAISON DE PRIÈRE »… Saint Paul me désigne comme « temple de l'Esprit ». C'est-à-dire que je suis bâti par et pour Dieu.

Christian, 8 décembre 1978

3 février

SAINT BLAISE

Quelle heure est-il ?… Bien-aimé, dans tes yeux, je lis l'heure de l'Éternel Amour.

Christophe, sans date

4 février

SAINTE VÉRONIQUE

Il n'y a pas de véritable amour de Dieu sans un consentement sans réserve à la mort.

Luc, 19 mars 1995

5 février

SAINTE AGATHE

Il m'a été donné de rencontrer un homme mûr qui a libéré ma foi en lui apprenant à s'exprimer comme un climat de simplicité, d'ouverture et d'abandon à Dieu englobant tout naturellement les relations, les événements et les menus faits du quotidien.

Christian, 1981

6 février

SAINT PAUL MIKI ET SES COMPAGNONS

Notre dialogue était celui d'une amitié paisible et confiante qui avait Dieu pour horizon, par-dessus la mêlée…

Christian, 1981

7 février

SAINTE EUGÉNIE

Dans le sang de cet ami, j'ai su que mon appel à suivre le Christ aurait à se vivre tôt ou tard dans le pays même où m'avait été donné le gage de l'amour le plus grand…

Christian, 1981

8 février

SAINT JÉRÔME

Les Écritures sont le trésor où le chrétien aime à chercher, jour et nuit, du neuf et de l'ancien.

Christian, septembre 1989

9 février

SAINTE APOLLINE

Nous sommes dans l'épaisseur du monde, avec la violence et la haine. Mais il ne faut pas s'évader, il faut plutôt creuser cette place étroite, qui nous est donnée, et on trouvera Dieu et tout. L'amour creuse.

Luc, 21 juin 1995

10 février

SAINTE SCOLASTIQUE

Paradoxe du christianisme ; la mort est le commencement de la vie.

Luc, non daté

11 février

NOTRE DAME DE LOURDES

MARIE, toi qui as marché sur le calvaire, donne-moi la force d'imiter Ton Enfant, je me confie à toi car tu sais que je suis trop faible.

Christophe, 15 août 1982

12 février

BIENHEUREUSE OMBELINE

Depuis que l'Esprit circule librement entre ciel et terre, il n'y a plus de frontière visible entre les hommes.

Christian, 1er novembre 1981

13 février

SAINT THÉOPHANE VÉNARD

Ce qui peut nous arriver dans la prière ? Qu'une étoile se lève en notre cœur… Mais avant, il faut lutter contre le sommeil, contre la pesanteur, veiller, être attentif, être là dans la nuit, sur cette montagne, pris par Jésus, épris de Lui.

Christophe, 6 août 1993

14 février

SAINT CYRILLE ET SAINT MÉTHODE

La Paix dans laquelle nous entrons est un effort et non une réussite, une espérance et non un état. Elle nous est donnée à CROIRE… et elle sera toujours suspendue à notre foi en la Résurrection.

Christian, 29 mars 1986

15 février

SAINT CLAUDE DE LA COLOMBIÈRE

Ce que Dieu demande est que nous Lui fassions confiance à Lui et au Christ.

Luc, janvier 1994

16 février

SAINTE JULIENNE DE NICOMÉDIE

L'Esprit est à l'œuvre, il travaille en profondeur dans le cœur des hommes.

Paul, 11 janvier 1995

17 février

SAINT ALEXIS ET SES COMPAGNONS

Devant la mort, dis-moi que ma foi – Amour – tiendra bon. Soudain je suis effrayé de croire.

Christophe, 1er décembre 1994

18 février

SAINTE BERNADETTE

Les pauvres le savent : parce qu'ils n'ont rien, ils sont disponibles à la grâce qui passe.

Christian, 15 avril 1995

19 février

SAINT GABIN

Ne pas se tuer soi-même : se demander, peut-être aujourd'hui, est-ce que je m'aime assez ? Est-ce que je ne me détruis pas ?

Christian, 8 mars 1996

20 février

SAINTE AIMÉE

Comment tenir si je ne tiens à Toi: Tu me donnes Ta Vie pour que je vive jusqu'à mourir, s'il le faut.

Christophe, 23 juillet 1995

21 février

SAINT PIERRE DAMIEN

L'espérance est patience du regard, bienveillance et clairvoyance. Voir les choses plus grandes et même le ciel s'ouvrant à l'intime des cœurs purs : joie des simples.

Christophe, 15 janvier 1995

22 février

FÊTE DE LA CHAIRE DE SAINT PIERRE

Avoir un cœur pauvre et désarmé, prêt à se mettre à l'écoute de toute Parole qui sortirait de la bouche du Très-Haut.

Christian, 1989

23 février

SAINT POLYCARPE

Je ne pense pas que la violence puisse extirper la violence.

Luc, 24 mars 1996

24 février

SAINTE ADÈLE

La mort s'offre à nous comme un test de vérité utile, et pas très commode.

Christian, 21 novembre 1995

25 février

SAINT NESTOR

Recueillir tout ce qui se vit, se prie, se passe ici : demande une intériorité en éveil – celle de l'ami, ami de l'Époux – et puis une ouverture sans défaillance ni replis sélectifs. La croix est ainsi disposée où Dieu et l'homme se recueillent.

Christophe, 5 décembre 1993

26 février

SAINT ALEXANDRE

Terrible répression : autour de nous. L'épicentre, c'est ta croix où tu te dessaisis de ta vie pour ceux que tu aimes : ici, aujourd'hui.

Christophe, 6 mai 1994

27 février

SAINT JULIEN

C'est la « spiritualité de l'artichaut » que le Seigneur me fait pratiquer actuellement : par ôter les feuilles pour atteindre le cœur !

Christian, 5 mai 1976

28 février

SAINT ROMAIN

Jeûne, carême ou ramadan, un Dieu unique nous invite, chrétiens, musulmans et juifs, au passage comme au partage, avec lui et avec la multitude.

Christian, février 1993

29 février

SAINT OSWALD

J'attends la victoire de l'Amour, la seule qui soit VIVABLE. Dans tout ce qui se passe se mêlent tant d'intérêts, de calculs, de mensonges. La prière s'impose alors comme un espace de gratuité qu'il nous faut recevoir puisqu'en nous aussi – et d'abord – s'affrontent les frères du Mal.

Christophe, 19 janvier 1991

1er mars

SAINT AUBIN D'ANGERS

Si un jour je vais au Ciel, ce ne sera pas pour retrouver ma mère, ma sœur, mais pour contempler éternellement la Face de mon Dieu.

Luc, sans date

2 mars

BIENHEUREUX CHARLES LE BON

Jésus peu à peu me conduit, me déplace, vers le lieu : d'être aimé. Il convient de se laisser faire par l'acte de Croix : son *je t'aime* d'amour fou.

Christophe, sans date

3 mars

SAINT TITIEN

Je suis sûr que le Christ du Coran a quelque chose à voir avec celui de notre foi.

Christian, 7 juillet 1981

4 mars

SAINT CASIMIR

Les huit martyrs de l'année 1994 n'ont pas été victimes du hasard ou d'un accident de parcours mais parce qu'ils ont été des témoins authentiques de l'Évangile dans l'amour et le service gratuit du plus pauvre.

Paul, 11 janvier 1995

5 mars

SAINT VIRGILE

Tu es là dans l'épreuve de ce monde agité par tant de bourrasques : humanité embarquée sur une mer de tempête.

Christophe, 16 janvier 1995

6 mars

SAINTE COLETTE

Il m'est arrivé bien souvent de voir surgir du Coran, au cours d'une lecture d'abord ardue et déconcertante, comme un raccourci d'Évangile.

Christian, 1989

7 mars

SAINTE PERPÉTUE ET SAINTE FÉLICITÉ

« Tu ne commettras pas de meurtre », ce commandement tombe sur mon frère et je dois tout faire pour l'aimer assez pour le détourner de ce qu'il aurait envie de commettre.

Christian, 8 mars 1996

8 mars

SAINT JEAN DE DIEU

La prière personnelle est celle où j'accepte d'être avide, et d'abord à vide, d'être sans désirs pour présenter plus d'adhérence au désir de Dieu.

Christian, 1978

9 mars

SAINT DOMINIQUE SAVIO

C'est le carême, il faut l'aborder avec un esprit neuf : ne pas regarder en arrière, être détaché à la fois et du bien qu'on a pu faire, et du mal qu'on a pu faire, mais fixer la Résurrection, et une nouvelle vie.

Luc, 25 février 1985

10 mars

SAINT VIVIEN

Peut-être que toute ma souffrance, et mon désespoir, sont nécessaires pour que je puisse faire jusqu'au bout l'expérience que c'est Lui qui me sauve, qui m'aime et qui désire ma joie… partagée.

Christophe, 27 février 1994

11 mars

SAINTE ROSINE

Entre l'avoir et le pouvoir, entre une majorité et une minorité, comme entre le pessimisme et l'optimisme, la foi nous dit, ici et là, qu'il y a place pour un « tiers-monde » inédit, celui de l'espérance…

Christian, 1989

12 mars

SAINT MAXIMILIEN

Le trésor de Dieu est un Pain qui ne se savoure qu'avec la multitude.

Christian, 1983

13 mars

SAINT LÉANDRE

Ce qui tient ici, ce qui est plein d'à venir, ce ne sont pas les valeurs chrétiennes même promues à nouveaux frais, c'est la relation au Christ.

Christophe, 1er mai 1994

14 mars

SAINTE MATHILDE

J'accomplis ma tâche, recevoir les pauvres et les malades en attendant le jour et l'heure de fermer les yeux pour entrer dans la maison de Dieu dont la porte s'ouvre toujours pour qui y frappe, sans crainte d'être importun.

Luc, 25 novembre 1994

15 mars

SAINTE LOUISE DE MARILLAC

Il m'a aimé avec l'autorité bienveillante mais incontournable d'un père, et aussi avec la tendresse indulgente et pas très rassurée d'une mère.

Christian, 1995

16 mars

SAINTE BÉNÉDICTE

Puissions-nous être chacun selon ce qu'il reçoit à faire : à l'atelier, à la cuisine, au jardin : travailleurs priants.

Christophe, 12 novembre 1994

17 mars

SAINT PATRICK

Jésus m'a aimé comme je ne sais pas aimer : cette simplicité, cet oubli de soi, ce service humble et non gratifiant, sans aucun amour-propre.

Christian, 1995

18 mars

SAINT CYRILLE DE JÉRUSALEM

Il ne faut pas trop parler de Dieu. Il est préférable de prêter à Dieu notre visage, notre bonté, notre sourire.

Luc, 18 septembre 1994

19 mars

SAINT JOSEPH

Saint Joseph. Heureux le serviteur fidèle. Dieu lui confie sa maison : l'Enfant et la Mère et la terre entière.

Christophe, 19 mars 1995

20 mars

SAINT HERBERT

Pour entrer en vérité en dialogue, il nous faudra accepter, au nom du Christ, que l'islam ait quelque chose à nous dire de la part du Christ.

Christian, sans date

21 mars

SAINTE CLÉMENCE

Après plusieurs semaines d'abondantes pluies, le soleil est revenu. Cela va être une merveilleuse explosion du printemps, à l'unisson de la grande joie de Pâques, que je vous souhaite de fêter dans un Alléluia de grande Espérance pour le monde entier.

Bruno, 24 mars 1996

22 mars

SAINTE LÉA

Ton cœur a de la suite dans les idées – celles du Père – pour ainsi nous faire vivre ici aujourd'hui. Le ciel est bleu, couleur d'alliance.

Christophe, 21 février 1994

23 mars

SAINT VICTORIEN

En assurant mes services du jour (et cela m'aide chaque jour), je chante ce matin : « Ô Dieu, tu es notre Espérance sur le visage de tout vivant. »

Célestin, 22 janvier 1996

24 mars

SAINTE CATHERINE DE SUÈDE

Nous ne pouvons exister comme homme qu'en acceptant de nous faire image de l'Amour, tel qu'il s'est manifesté dans le Christ qui, juste, a voulu subir le sort de l'injuste.

Luc, 24 mars 1996

25 mars

ANNONCIATION DE LA VIERGE MARIE

La mort brutale – de l'un d'entre nous, ou de tous à la fois – ne serait que la conséquence de ce choix de vie à la suite du Christ (même si ce n'est pas directement prévu comme tel dans nos Constitutions !).

Lettre communautaire, 21 novembre 1995

26 mars

SAINTE LARISSA

Pas de trêve pour la violence. Nous sommes comme l'oiseau sur la branche, prêts à nous envoler vers d'autres cieux ! Des cieux nouveaux et une terre nouvelle.

Luc, 25 mai 1994

27 mars

SAINT RUPERT

Prendre un tablier comme Jésus, cela peut être aussi grave que le don de la vie… Vice-versa, donner sa vie peut être aussi simple que de prendre un tablier.

Christian, 1994

28 mars

SAINT GONTRAN

Je pense souvent au cri de Jésus sur la croix : « Mon Dieu, mon Dieu, pourquoi m'as-tu abandonné ? ». En Lui, qui a expérimenté la solitude et l'abandon, je trouve l'allié de toutes mes batailles.

Christophe, 27 février 1994

29 mars

SAINTE GLADYS

Désarme-les, désarme-moi.

Christian, 1994

30 mars

SAINT JEAN CLIMAQUE

Qu'est-ce qui peut nous arriver ? D'aller vers le Seigneur et de nous immerger dans sa tendresse !

Luc, sans date

31 mars

SAINT BENJAMIN

Ô Jésus, j'accepte de tout cœur que ta mort se renouvelle, s'accomplisse en moi. Je sais qu'avec toi, on remonte de la descente vertigineuse de l'abîme proclamant au démon sa défaite.

Célestin, sans date

1er avril

SAINT HUGUES

Je crois que la Bonne Nouvelle est semée, la graine germe…

Paul, 11 janvier 1995

2 avril

SAINT FRANÇOIS DE PAULE

Reste l'espérance qui est aussi expérience radicale de pauvreté : on accepte de ne pas voir devant, et on se retient de retourner en arrière.

Christian, 15 avril 1995

3 avril

SAINT RICHARD

Le diable s'acharne contre notre petite communauté : présage du bien qu'elle fera un jour dans ce pays ?

Luc, 5 avril 1994

4 avril

SAINT ISIDORE DE SÉVILLE

Boire le sang de l'Agneau nous met dans un camp : celui des victimes. Ta victoire Jésus, n'est pas facile en moi, en nous. Je suis sûr, Amour : tu gagnes.

Christophe, 11 octobre 1994

5 avril

SAINT VINCENT FERRIER

Pour aborder la mort, il faut non pas beaucoup de courage mais beaucoup d'humilité.

Luc, 23 décembre 1989

6 avril

SAINT CÉLESTIN

Père, c'est si long d'apprendre à obéir ; il y faudra tous nos jours avant l'éternité !

Christian, 1995

7 avril

SAINT JEAN-BAPTISTE DE LA SALLE

Peut-être sommes-nous au cœur même de l'Évangile : en train de vivre les Béatitudes.

Christophe, août 1995

8 avril

SAINTE CONSTANCE

Tant qu'il y aura une douleur à partager dans le monde, vous serez là, compagnon de la nuit et du doute, de la veille et des larmes.

Christian, Samedi saint, 10 avril 1977

9 avril

SAINT DÉMÉTRIUS

La mort… Ce serait un témoignage rendu à l'absolu de Dieu.

Luc, 17 novembre 1993

10 avril

SAINT FULBERT DE CHARTRES

Ce qui fait tenir, c'est de tenir à Jésus, de communier au Don en acte : résolution d'Amour.

Christophe, 27 mars 1994

11 avril

SAINT STANISLAS

Aussi longtemps que nous faisons de notre vie un but en soi, ne subsiste aucune raison de vivre, car tout se termine par la mort. C'est dans le Christ que nous découvrons le sens profond de notre vie.

Luc, janvier 1994

12 avril

SAINT JOSEPH MOSCATI

Perdre ma vie, c'est le Don : à prendre ou à laisser.

Christophe, 16 mars 1994

13 avril

SAINTE IDA

Lavement des pieds, la coupe et le pain partagés, la croix… Un seul commandement d'amour, un seul TÉMOIGNAGE.

Christian, Jeudi saint, 31 mars 1994

14 avril

SAINT MAXIME

A l'approche de la mort, ne cherchons pas à être assurés de notre vertu, mais sachons seulement que Dieu seul est Saint, que Lui seul est bon.

Luc, 22 septembre 1995

15 avril

SAINT ROBERT

Nous ne pouvons tenir là que si nous prions. Et prier, notamment, en confessant ce qu'il y a en nous de violence, de parti pris, de rejet.

Christian, 8 mars 1996

16 avril

SAINT BENOÎT LABRE

Bientôt Pâques, Jésus va nous donner sa Paix et sa résurrection. Sa résurrection appartient au croyant qui, même sans voir, peut jouer sa vie sur un Amour plus fort que la mort.

Luc, 20 mars 1993

17 avril

SAINTE MARIANNE

Donner sa vie par amour de Dieu, à l'avance, sans condition, c'est ce que nous avons fait… ou du moins ce que nous avons cru faire.

Christian, 31 mars 1994

18 avril

BIENHEUREUSE MARIE DE L'INCARNATION

Un chemin de bonheur. Un vrai chemin qui mène en un lieu sûr, bon, solide, heureux. Un chemin où marcher libre vers quelqu'un. Sommes-nous prêts à le laisser s'ouvrir en nous ?

Christophe, Nuit pascale, 16 avril 1995

19 avril

SAINTE EMMA

Seigneur, donne-moi de pouvoir mourir sans haine au cœur.

Luc, janvier 1994

20 avril

SAINTE ODETTE

Pâques est dans quelques jours. La mort et la résurrection du Christ doivent occuper toute notre attention et faire battre notre cœur. Les autres événements de ce monde ne sont que des faits divers.

Luc, 10 avril 1992

21 avril

SAINT ANSELME DE CANTORBÉRY

Le don me gagne peu à peu et mon péché, morceau par morceau, est enlevé. Car enfin, mes amis, il faut qu'entre nous cela soit bien clair : je suis à Lui et sur ses pas je vais vers ma pleine vérité pascale.

Christophe, 26 janvier 1996

22 avril

SAINTE OPPORTUNE

Notre Prieur est venu célébrer la Semaine Sainte et la fête de Pâques avec nous (à Fès). Célébrer la Résurrection du Christ en cette terre, en cette ville, c'est évidemment un paradoxe mais nous ressentons alors toute la signification de notre « mission » de priants.

Bruno, 7 mai 1995

23 avril

SAINT GEORGES

L'Esprit veut à tout prix abattre les murs de nos retranchements faciles et nous laisser les mains nues, le cœur ouvert, prêt à accueillir et à donner, à laisser le Christ accomplir son passage, sa Pâque.

Christian, septembre 1989

24 avril

SAINTE MARIE-EUPHRASIE

Tu me demandes de choisir la vie mais dans ce choix, il y a l'événement de Ta mort par laquelle Ta vie m'arrive et donc ton dénuement extrême.

Christophe, 1er août 1994

25 avril

SAINT MARC

Nous avons besoin de cette espérance pascale qui nous dit, comme aux femmes de l'Évangile, que, si tout continue, rien ne sera plus comme avant.

Christian, 2 avril 1994

26 avril

SAINT RIQUIER

Tu me conduis, Seigneur, dans le silence et la prière, dans le travail et dans le joyeux service de mes frères, à l'exemple de ta vie cachée à Nazareth.

Bruno, 1981

27 avril

SAINTE ZITA

Notre marche vers Pâques se poursuit, avec des moments de rencontre presque physiques avec le frère aîné Ressuscité, avec des moments où la Lumière brille moins, avec des moments de fatigue, de lassitude, à la recherche des autres frères égarés, isolés, sans espoir, abandonnés…

Célestin, 6 mars 1978

28 avril

SAINT LOUIS MARIE GRIGNION DE MONTFORT

Le Seigneur nous indique le chemin, c'est par la pauvreté, l'échec et la mort que nous allons à Dieu.

Luc, avril 1994

29 avril

SAINTE CATHERINE DE SIENNE

Gloire à Dieu au plus haut des cieux, et Paix sur terre aux hommes objets de sa bienveillance… Puisse être là « toute notre vocation ».

Michel, 28 décembre 1994

30 avril

SAINT PIE V

L'homme de Pâques doit avoir les mains transpercées. Alors, il laisse voir que le Royaume est là, en lui.

Christian, 15 avril 1995

1er mai

SAINT BRIEUC

Il y a ici, dans la nuit, quelque chose à voir, à recevoir : ce Don plus fort que la mort. Marie la première en fut transpercée comme Jésus : placée dans l'axe de la lance meurtrière qui touchait son fils déjà remis en d'autres mains.

Christophe, 2 décembre 1993

2 mai

SAINT ATHANASE D'ALEXANDRIE

D'expérience, nous savons que le martyre de la charité n'est pas l'exclusivité des chrétiens.

Christian, Jeudi saint, 31 mars 1994

3 mai

SAINT PHILIPPE ET SAINT JACQUES

Devant nous, le Christ portant sa croix nous montre le chemin et au terminus brille la lumière pascale de la Résurrection.

Luc, 10 octobre 1993

4 mai

SAINT SYLVAIN DE GAZA

Il nous semble que le ciel s'emplit de nos amis : de bien précieuses relations ! Plus encore que la menace, leur mort nous familiarise avec la nôtre. Nous voici plus sereins de lui trouver le goût rassurant de la vie.

Christian, 14 décembre 1995

5 mai

SAINTE JUDITH

Mais la Miséricorde de Dieu est infinie et son Amour immense. C'est donc sans crainte que l'on doit aborder à l'autre rive.

Luc, 12 février 1994

6 mai

BIENHEUREUSE PRUDENCE

À qui irions-nous ? Être ici pour aller à toi. [...] Nous ne sommes pas ici à la croisée de chemins divers, mais devant toi : chemin qui s'ouvre.

Christophe, 21 août 1994

7 mai

BIENHEUREUSE GISÈLE

Dans le Christ ressuscité, tout est à nous, sur la terre comme au ciel.

Christian, 15 avril 1995

8 mai

SAINT DÉSIRÉ

J'imagine assez bien que nous sommes dans cette situation de Marie qui va voir sa cousine Elisabeth et qui porte en elle un secret vivant qui est encore celui que nous pouvons porter nous-mêmes, une Bonne Nouvelle vivante.

Christian, sans date

9 mai

SAINT PACÔME

Il a tant aimé les hommes qu'Il leur a donné son Unique : et le verbe s'est fait FRÈRE.

Christian, 13 avril 1995

10 mai

SAINT JEAN D'AVILA

Pour ma mort, si elle n'est pas violente, je demande qu'on me lise la parabole de l'enfant prodigue et qu'on dise la Prière de Jésus.

Luc, 30 janvier 1994

11 mai

SAINTS ODON, MAYEUL, ODILON, HUGUES ET PIERRE LE VÉNÉRABLE, ABBÉS DE CLUNY

L'exigence demeure : devenir moine(s), ici, dans ta vérité crucifiée.

Christophe, 16 janvier 1995

12 mai

SAINT ÉPIPHANE

Quand on est dans un tunnel, on n'y voit rien, mais c'est absurde de vouloir pour autant que le paysage, à la sortie du tunnel, soit le même qu'à l'entrée.

Christian, 8 mars 1996

13 mai

NOTRE-DAME DE FATIMA

Jusqu'où aller trop loin pour sauver sa peau sans risquer de perdre sa vie. Un seul connaît le jour et l'heure de notre libération en lui…

Paul, 11 février 1995

14 mai

SAINT MATTHIAS

Vous avez reçu en pur don; donnez en pur don; le tout: c'est de consentir (entièrement et simplement) au Don.

Christophe, 7 juillet 1994

15 mai

SAINTE DENISE

C'est de l'intérieur du mutisme et de la peur, comme de l'intérieur du tombeau, que l'espérance peut monter, vivante comme un cri, le cri du témoin, du « martyr » d'âge en âge : il est ressuscité, alléluia !

Christian, 2 avril 1994

16 mai

SAINT JEAN NÉPOMUCÈNE

Quand nous débarquerons de cette planète, tout plongés dans nos préoccupations terrestres, nous n'aurons pas peur, car en franchissant le seuil angoissant de la mort, nous trouverons le Christ qui nous introduira dans la maison du Père.

Luc, 25 mai 1994

17 mai

SAINT PASCAL

Être livré, condamné, bafoué, fouetté et mis en croix et le troisième jour nous relever, réveillé. Ce qui nous arrive nous dépasse : ta coupe à boire, ici, tu nous la donnes. Le reste, tout au bout du chemin, est à remettre sans cesse chaque jour avec toi entre les mains du Père plus grand.

Christophe, 2 mars 1994

18 mai

SAINTE CORINNE

On ne prie pas pour se nourrir et repartir plus fort, mais on prie pour rencontrer le Bien-Aimé.

Christian, sans date

19 mai

SAINT YVES

Nous nous acheminons petit à petit vers les délices qu'Il a préparés pour nous. Non, pas tant à cause de nos efforts, qui sont cependant nécessaires, qu'à cause de sa tendresse pleine de pitié pour nous et qui nous donne don de tout gratuitement.

Paul, 24 mars 1991

20 mai

SAINT BERNARDIN DE SIENNE

Au fond, le baptême de l'espérance, ici, c'est la mort… et que ce mot ne te fasse pas peur puisqu'il s'agit de l'ultime naissance.

Christian, 25 août 1973

21 mai

SAINT CHARLES-EUGÈNE DE MAZENOD

Comment se donner si je ne cesse d'être en souci de moi ?

Christophe, janvier 1994

22 mai

SAINTE RITA

Le témoignage de Jésus jusqu'à la mort, son « martyre », est martyre d'amour, de l'amour pour l'homme, pour tous les hommes, même pour les voleurs, même pour les assassins et les bourreaux.

Christian, Jeudi saint, 31 mars 1994

23 mai

SAINT DIDIER

Oui, en donnant sa vie, le Christ est vainqueur de la mort et nous libère de la nôtre en nous invitant à son exemple à remettre notre vie entre les mains de Père.

Paul, 24 mars 1991

24 mai

SAINT DONATIEN ET SAINT ROGATIEN

Nous avons fait l'expérience d'être ton corps, traversé par un glaive, habité par ton souffle.

Christophe, 2 février 1994

25 mai

SAINT BÈDE LE VÉNÉRABLE

Le Christ a tant aimé les Algériens qu'il a donné sa vie pour eux. Et les nôtres à sa suite. Nous avons bonne mémoire pascale !

Christian, 14 décembre 1995

26 mai

SAINT PHILIPPE NÉRI

Je sais qu'on n'est pas meilleurs, ni des héros, ni vraiment rien d'extraordinaire. Je sens cela très fort ici, à Tibhirine. Et puis il y a quelque chose d'unique dans notre façon d'être Église : de réagir aux événements, de les attendre, de les vivre… C'est une certaine conscience, comme si on était responsables non pas de quelque chose à faire, mais de quelque chose à être ici, en réponse de Vérité, en réponse d'Amour.

Christophe, 5 janvier 1994

27 mai

SAINT AUGUSTIN DE CANTORBÉRY

Je te demande en ce jour la grâce de devenir serviteur et de donner ma vie ici, en rançon pour la paix, en rançon pour la vie…

Christophe, 25 juillet 1995

28 mai

SAINT GERMAIN

Le printemps chez l'homme, le chrétien, réside dans l'offrande de sa vie à Dieu. Offrande qu'il faut renouveler chaque jour au fil des années. Mais au bout de la route, c'est Pâques avec sa Lumière et sa Joie.

Luc, 6 mars 1994

29 mai

SAINTE URSULE

Sainte fête de Pâques. En ces jours saints ne ratons pas le passage de Celui qui ne cesse de venir à nous. Qu'il nous donne abondamment sa lumière pour le reconnaître !

Michel, 1er avril 1985

30 mai

SAINTE JEANNE D'ARC

L'amour s'est fait mendiant pour mendier notre amour. À vues humaines, tout a l'apparence de l'échec ridicule. C'est dans cet abaissement, cet anéantissement que se réalise notre salut.

Paul, 24 mars 1991

31 mai

VISITATION DE LA VIERGE MARIE

Ne pas s'arrêter. Continuer à marcher, les yeux tendus vers Jésus mon Seigneur. Confiance.

Christophe, sans date

1er juin

SAINT JUSTIN

La JOIE que nous cherchons ici-bas ne peut éviter le rendez-vous de la CROIX, le passage obligé de toutes nos joies passagères… et cette joie crucifiée, nul déjà ne peut nous la ravir, parce que Dieu s'y DONNE tout entier.

Christian, 5 avril 1985

2 juin

SAINTE BLANDINE

Je me trouve dans la zone où je vois arriver la mort. Pour moi, sera-t-elle naturelle ou violente ? Que le Seigneur me fasse la grâce d'ouvrir mes mains et de lâcher prise, en acceptant tout.

Luc, 8 mai 1995

3 juin

SAINT CHARLES LWANGA ET SES COMPAGNONS, MARTYRS DE L'OUGANDA

Le Verbe s'est fait frère, frère d'Abel et aussi de Caïn, frère d'Isaac et d'Ismaël à la fois, frère de Joseph et des onze autres qui le vendirent, frère de la plaine et frère de la montagne, frère de Pierre, de Judas et de l'un et l'autre en moi.

Christian, Jeudi saint, 13 avril 1995

4 juin

SAINTE CLOTILDE

Il faut regarder la vie avec bienveillance et douceur. Tous les jours, nous allons vers l'anniversaire de notre mort. À la manière des vagues qui ne modifient pas la profondeur de la mer, ainsi les événements à la surface de notre vie ne modifient pas le sens de celle-ci, qui doit rester un chemin vers Dieu.

Luc, 12 février 1994

5 juin

SAINT BONIFACE

En chaque eucharistie, nous célébrons la Vie : victoire du Vivant face aux tueurs.

Christophe, 29 mai 1995

6 juin

SAINT CLAUDE

Prier devrait conduire toute mon existence – quotidienne – à l'heure de passer de ce monde au Père.

Christophe, 10 mai 1994

7 juin

SAINTE MARIE-THÉRÈSE SOUBIRAN

Aller vers l'autre et aller vers Dieu, c'est tout un, et je ne peux m'en passer, il y faut la même gratuité.

Christian, 1989

8 juin

SAINT MÉDARD DE SOISSONS

Il n'y a pas de plus grand amour que de donner sa vie pour ceux qu'on aime, et cela instant après instant.

Christian, 8 mars 1996

9 juin

SAINT EPHREM LE SYRIEN

Le Verbe prend cette communauté de chair et de sang pour Se dire ici, aujourd'hui.

Christophe, janvier 1994

10 juin

SAINT MAXIME

Notre échelle est bien arrimée dans notre glaise commune. Et nous voici, par-delà l'horizon, sûrs de trouver en Dieu un appui solide, ce rocher consistant que chantent les psaumes.

Christian, septembre 1989

11 juin

SAINT BARNABÉ

Parce qu'elle est une rencontre avec Dieu, la mort ne peut être objet de terreur : la mort, c'est Dieu.

Luc, 11 juin 1995

12 juin

BIENHEUREUX GUY DE CORTONE

Tenir dans la peur du lendemain, vaincue par la patience d'aujourd'hui… Dans la peur de la mort violente, vaincue par la présence du Vivant…

Christian, sans date

13 juin

SAINT ANTOINE DE PADOUE

Comme pour Jésus, le but de notre route est Dieu.

Luc, 20 mars 1993

14 juin

SAINT RUFIN

Mon corps est pour la terre ; mais, s'il vous plaît, aucune protection entre elle et moi. Mon cœur est pour la vie, mais, s'il vous plaît, rien de maniéré entre elle et moi. Mes mains pour le travail seront croisées, très simplement. Que mon visage soit absolument nu pour ne pas empêcher le baiser. Et le regard, laissez-le voir.

Christophe, sans date

15 juin

SAINTE GERMAINE DE PIBRAC

Seule la mort à moi-même me permettra de communier à l'œuvre de la Croix.

Christophe, 4 mars 1996

16 juin

SAINT JEAN-FRANÇOIS RÉGIS

J'ai bien envie de chercher refuge dans la nuit quand la Lumière est là, fouillant mes ténèbres.

Christian, sans date

17 juin

SAINT HERVÉ

C'est sûr, nous verrons Dieu, et là où est le Jésus de la Résurrection, nous serons.

Luc, 16 mars 1991

18 juin

SAINT LÉONCE

Pâques, c'est la joie à découvert, la vie garantie au foyer : Jésus souffle sur les braises au cœur de chaque apôtre. Il chasse les cendres.

Christian, 26 mai 1985

19 juin

SAINT ROMUALD

La peur, c'est le manque de foi ; la foi transforme l'angoisse en confiance. Alors, de quoi et de qui pourrions-nous avoir peur ?

Luc, 12 juillet 1994

20 juin

SAINT SILVÈRE

Je crois pouvoir dire, en n'engageant que moi, que tout sera fait pour nous maintenir ici dans une présence contemplative ; au cas d'éclatement, je pourrais choisir de rester seul, au moins provisoirement.

Christian, 21 octobre 1975

21 juin

SAINT LOUIS DE GONZAGUE

Comment ne pas y reconnaître l'Esprit de sainteté dont nul ne sait d'où il vient, ni où il va, d'où il descend ni par où il remonte. Son office est toujours de faire « naître d'en haut » (Jn 3,7), d'attirer sur une voie ascendante.

Christian, septembre 1989

22 juin

SAINT THOMAS MORE

Dans la nuit, je prends le Livre.
D'autres prennent les armes.

Christophe, sans date

23 juin

SAINTE AUDREY

À l'approche de la mort, ne cherchons pas à être assuré de notre vertu, mais sachons seulement que Dieu seul est Saint, que Lui seul est bon. Si on aime la vraie vie, on pense souvent à la mort. Ne pouvant plus nous appuyer sur rien, nous n'avons rien à perdre et rien à craindre. L'amour de Dieu pour nous est infini, il ne fait l'objet d'aucun marché.

Luc, 22 septembre 1995

24 juin

NATIVITÉ DE SAINT JEAN-BAPTISTE

C'est dans l'insignifiance de sa vie que le moine se veut et qu'il se sait « SIGNE », et c'est alors qu'il revient lentement au chemin de l'ENFANCE…

Christian, 25 août 1973

25 juin

SAINT PROSPER D'AQUITAINE

C'est à travers une longue histoire de fidélité et d'oubli, d'appels, de grâces et de malheurs que Dieu a manifesté sa miséricorde au peuple de sa prédilection.

Christian, 1983

26 juin

SAINT ANTHELME

Au travers les événements de cette vie, heureux ou malheureux, la Résurrection du Christ nous conduit et fonde notre espérance.

Luc, 17 avril 1986

27 juin

SAINT CYRILLE D'ALEXANDRIE

J'apprends à mes dépens, jour après jour, que le dessein de Dieu, sur le christianisme et sur l'islam reste de nous convier les uns et les autres, à la table des pécheurs.

Christian, sans date

28 juin

SAINT IRÉNÉE DE LYON

Réduite, meurtrie, notre Église fait là l'expérience abrupte du dépouillement et de la gratuité inscrits dans l'Évangile comme en chacune de nos vocations à la suite de Jésus.

Christian, 21 novembre 1995

29 juin

SAINT PIERRE ET SAINT PAUL

À qui irions-nous, Seigneur ? Ta parole ici nous fait vivre d'éternité. Ta parole nous fait vivre toujours.

Christophe, 11 avril 1994

30 juin

SAINT MARTIAL

C'est toujours par-delà notre raison que Dieu nous vient, quelles que soient nos fois respectives.

Christian, septembre 1989

1er juillet

SAINT THIERRY

Dans un cirque, les artistes travaillent avec un filet. Je travaille, moi, avec la confiance en Dieu et une Espérance aveugle.

Luc, 24 octobre 1994

2 juillet

SAINT COLOMBAN

Désormais, comment ne pas croire « viable », au jour que Dieu seul voudra, une communauté de prière où chrétiens et musulmans (et juifs ?) se recevront en frères de l'Esprit qui les unit déjà dans la nuit ?

Christian, sans date

3 juillet

SAINT THOMAS, APÔTRE

Être priants parmi d'autres priants.

Christian, sans date

4 juillet

BIENHEUREUX PIER GIORGIO FRASSATI

Réaliser la VOLONTÉ du Père : exister en regard de Lui pour faire son travail ici maintenant.

Christophe, 10 octobre 1993

5 juillet

SAINT ANTOINE-MARIE ZACCARIA

Au milieu de nous, quelque chose s'accomplit. Quelque chose est à faire, qui a pour auteur et signataire le Verbe fait chair : toi, Jésus Ressuscité, mon Seigneur.

Christophe, 27 mai 1995

6 juillet

SAINTE MARIA GORETTI

L'amour se dévoilait, et déjà il m'échappe. Il était là à mes pieds, je n'ai pu le retenir.

Christian, sans date

7 juillet

SAINT RAOUL

Il me semble que celui qui nous aide aujourd'hui à tenir, c'est celui qui nous a appelés. J'en reste profondément émerveillé.

Michel, mai 1994

8 juillet

SAINT THIBAUD

Nous sommes un peu accablés, fatigués là, au creux des épaules. On se couche plus tôt ! Eh oui, c'est le travail de la foi !

Christophe, janvier 1994

9 juillet

SAINTE VÉRONIQUE GIULIANI

Le but de ce dispensaire n'est pas tant d'exercer la bienfaisance corporelle et d'obtenir le maximum d'efficience sur le plan médical, que d'une manifestation d'amour à l'égard d'hommes pauvres et malheureux dans une amitié vraie.

Luc, années 1950

10 juillet

SAINT ULRICH

Je suis vieux et malade, je fais ce que je peux, mais c'est la goutte d'eau.

Luc, 10 juillet 1992

11 juillet

SAINT BENOÎT

Voilà le portrait élémentaire de Benoît : une oreille, un cœur et un regard (tout chez lui est unifié : l'écoute n'est pas dispersée, curieuse, tous azimuts ; le cœur n'est pas partagé ni double ; le regard ne louche pas à droite et à gauche). C'est que Benoît est moine : *monos*, unifié par et dans l'Un.

Christophe, 11 juillet 1990

12 juillet

SAINTS LOUIS ET ZÉLIE MARTIN

Mon cœur me dit que le Royaume de Dieu est un royaume de Paix, d'Harmonie et d'Amour.

Luc, sans date

13 juillet

SAINT HENRI

Le monde serait moins désert si nous pouvions nous reconnaître une vocation commune, celle de multiplier au passage les fontaines de miséricorde.

Christian, 1983

14 juillet

SAINT CAMILLE DE LELLIS

Des hommes qui s'obstinent humblement et paisiblement à témoigner que Dieu vaut la peine qu'on donne, ensemble, sa vie pour lui, pour le prier, l'adorer, accueillir les Béatitudes et apprendre ainsi à aimer, à aimer jusqu'au bout, jusqu'au bout du quotidien. J'ai donc choisi la vie à l'Atlas.

Christophe, novembre 1977

15 juillet

SAINT BONAVENTURE

INOUÏE cette Foi qui est nôtre, et qui pourtant doit mystérieusement rester « ouverte » à nos frères humains musulmans [terroristes ou non], bouddhistes, incroyants, ou athées convaincus !

Célestin, 13 mars 1994

16 juillet

NOTRE-DAME DU MONT CARMEL

Parlons… d'ici, des moines en pays « non chrétien ». Pas d'avenir. C'est clair. Mais la conscience d'une Présence à vivre ici : service de la prière et rencontre, visitation d'amitié. Rien d'important. Une maison… dans la maison de l'islam… une petite chambre d'ami ouvrant sur l'Intérieur qui nous unit.

Christophe, sans date

17 juillet

BIENHEUREUSES CARMÉLITES DE COMPIÈGNE

Voir les choses différemment ne signifie pas qu'on ne voit pas les mêmes choses.

Christian, sans date

18 juillet

SAINT FRÉDÉRIC

Le pain multiplié qu'il nous est donné de rompre ensemble, chrétiens et musulmans, est celui d'une confiance absolue en la seule miséricorde.

Christian, septembre 1989

19 juillet

SAINT ARSÈNE

L'amour de Dieu pour nous est infini, il ne fait l'objet d'aucun marché. Dieu nous donnera gratuitement ce que nous n'avons pas mérité.

Luc, 22 septembre 1995

20 juillet

SAINTE MARGUERITE

Quand on se met loyalement à l'écoute d'un autre peuple en prière, on découvre que les attitudes et les mots les plus simples de l'expression spirituelle ignorent les frontières des religions.

Christian, 8 décembre 1978

21 juillet

SAINT LAURENT DE BRINDISI

Dès le début de mon arrivée à Tibhirine, je me suis réjoui de voir cette petite communauté vivre chaleureusement au milieu d'autres croyants, leur étant solidaire et reconnaissant en eux les enfants d'un même père.

Paul, 1989

22 juillet

SAINTE MARIE MADELEINE

Jésus n'est pas seulement le Ressuscité. Il est aussi la Résurrection pour tous ceux qui sont ses disciples. Actuellement, l'avenir humain en ce monde est plein de menaces, mais l'avenir vers lequel ouvre l'espérance de Pâques illumine nos derniers jours.

Luc, 30 mars 1987

23 juillet

SAINTE BRIGITTE DE SUÈDE

Vulnérable, fragile à l'extrême, notre Église se découvre aussi plus libre et plus crédible dans son vœu « d'aimer ».

Christian, 21 novembre 1995

24 juillet

SAINTE CHRISTINE

Aujourd'hui, ton Évangile dit que tu as encore bien des choses à dire : à qui ? À nous ici, aujourd'hui, au monde.

Christophe, 11 mai 1994

25 juillet

SAINT JACQUES LE MAJEUR

Pour enrichir notre connaissance partielle du moment, nous avons besoin de ce que l'autre peut y ajouter par ce qu'il est, ce qu'il fait, ce qu'il croit.

Christian, sans date

26 juillet

SAINTE ANNE

Nous ne pouvons invoquer Dieu, Père de tous les hommes, si nous refusons de nous conduire fraternellement envers certains hommes créés à l'image de Dieu.

Christian, 1985

27 juillet

SAINTE NATHALIE

Pourquoi se trouver en terre d'islam ? Il faudra résolument – et probablement très longtemps encore – ne pas reculer devant l'effort héroïque de pratiquer la charité pour deux, car à nous chrétiens, elle a été confiée.

Luc, sans date

28 juillet

SAINT SAMSON

Ausculta, o fili! Écoute, fils ! Ce sont les premiers mots de la règle de saint Benoît. *Iqra!* Récite ! Cet autre impératif ouvre le Coran.

Christian, septembre 1989

29 juillet

SAINTE MARTHE ET SAINTE MARIE

Dialogue qui entend bien garder les pieds sur terre (et même dans le fumier) mais la tête chercheuse.

Christian, septembre 1989

30 juillet

SAINT PIERRE CHRYSOLOGUE

L'impression durable et presque insistante d'être aimé. Je voudrais en être traversé.

Christophe, 6 juin 1994

31 juillet

SAINT IGNACE DE LOYOLA

Dire Dieu autrement, ce n'est pas dire un autre Dieu.

Christian, sans date

1er août

SAINT ALPHONSE DE LIGUORI

À notre âge, nous ne sommes plus très loin de nous embarquer vers la Joie, la Paix et la Lumière : cette seconde naissance, qui nous étonnera davantage que la première…

Luc, 2 septembre 1985

2 août

SAINT PIERRE-JULIEN EYMARD

Il faudrait commencer tout dialogue entre croyants de bonne foi : convenir ensemble que Dieu nous appelle à l'humilité.

Christian, septembre 1989

3 août

SAINT NICODÈME

Nous ne croyons pas assez que l'Esprit qui est en nous peut nous ouvrir aujourd'hui une porte. Il ne s'agit pas de trouver quelque chose de splendide et de sublime : il s'agit de trouver quelque chose de quotidien, notre pain de ce jour.

Christian, 1990

4 août

SAINT JEAN-MARIE VIANNEY

Les liens humains sont quelque chose d'unique, voire de divin, et cela nous y croyons depuis la venue historique de Dieu sur notre terre, en Jésus de Nazareth !

Célestin, 13 mars 1994

5 août

SAINT ABEL

L'attention extrême aux autres, ceux de même chair : c'est la prière. Jusque pour les ennemis. La prière, c'est l'attitude juste, libre.

Christophe, 18 février 1994

6 août

TRANSFIGURATION DU SEIGNEUR

Le Père lui-même s'efface : Celui-ci est mon Fils bien-aimé, écoute-le.

Christophe, 13 mai 1995

7 août

SAINT SIXTE

Cloche et muezzin, dont les appels à la prière s'élèvent du même enclos, font cause commune pour nous convier ensemble à la louange, plus loin que ce que les mots peuvent en dire.

Christian, sans date

8 août

SAINT DOMINIQUE

Il n'y a que Dieu qui puisse appeler à la prière. Ici, je comprends mieux que tous sont appelés, que l'homme a été créé pour cette louange et cette adoration.

Christian, 8 décembre 1978

9 août

SAINTE THÉRÈSE-BÉNÉDICTE DE LA CROIX, EDITH STEIN

J'ai dit qu'il nous fallait retrouver le Christ roman de nos pères cisterciens, glorieux sur la croix… ou préférer la croix nue au crucifix car, somme toute, la croix est restée aussi vide que le sépulcre.

Christian, 17 février 1976

10 août

SAINT LAURENT

J'entendre me dire de prendre ma croix me fait réaliser que pour ce faire il me faut lâcher ce qui m'occupe (me préoccupe), lâcher toute autre prise. Te suivre en ta liberté éperdument.

Christophe, 29 août 1993

11 août

SAINTE CLAIRE

La meilleure part est à recevoir ici, dans le quotidien simple et dépouillé.

Christophe, 29 juillet 1994

12 août

SAINTE JEANNE DE CHANTAL

Ton *Je t'aime* m'est apparu un jour. Je ne m'en suis pas remis.

Christophe, 12 août 1993

13 août

SAINT HIPPOLYTE

Pour transformer ce monde, il faut transformer les cœurs. Les idéologies sont impuissantes. Tous les jours, j'aspire à être chrétien.

Luc, 12 décembre 1983

14 août

SAINT MAXIMILIEN KOLBE

Le moine se veut résolument contestataire ; il en va, selon lui, de l'authenticité même de sa foi chrétienne.

Christian, 25 août 1973

15 août

ASSOMPTION DE LA VIERGE MARIE

L'arc-en-ciel associe l'un et le multiple. La diversité des couleurs et l'unique de la courbe polychrome qui disait le penchant du Tout Autre pour la multitude.

Christian, sans date

16 août

SAINT ROCH

Ce soir, je suis en charge d'amour pour mes frères, pour ceux qui partagent notre travail, notre vie, pour Tibhirine et le peuple algérien.

Christophe, 6 avril 1995

17 août

SAINTE JEANNE DELANOUE

Les attitudes et les mots les plus simples de l'expression spirituelle ignorent les frontières de religion, ils sont un langage universel : prière du corps gestuée, longue rumination d'une formule litanique…

Christian, 1978

18 août

SAINTE HÉLÈNE

Dans la richesse inouïe de sa création, comme dans la diversité des hommes eux-mêmes, Dieu nous a bien préparés à accueillir la différence.

Christian, 10 décembre 1995

19 août

SAINT JEAN EUDES

Faudra-t-il continuer de faire la sourde oreille au message de l'autre en contestant par principe son lien original avec le Tout Autre ?

Christian, 1989

20 août

SAINT BERNARD DE CLAIRVAUX

Notre communauté s'accepte désormais comme « présence d'Église priante à la prière de l'Islam et présence monastique à l'Église d'Algérie » : une formule admirablement ajustée à ce que je « sens » et regrette de si mal vivre…

Christian, 22 octobre 1976

21 août

SAINT PIE X

Aujourd'hui, tu dis à tes disciples tourmentés à ramer par un vent contraire : « Confiance. Je suis. Ne craignez pas. »

Christophe 5 janvier 1994

22 août

VIERGE MARIE REINE

Me voici devant Vous qui n'êtes qu'Amour et Miséricorde. Devant Vous, mais par votre seule grâce, m'y voilà tout entier, avec tout mon esprit, tout mon cœur, toute ma volonté.

Bruno, 21 mars 1990

23 août

SAINTE ROSE DE LIMA

Je suis comme un vieux manteau, usé, troué, rapiécé, mais là-dedans mon âme chante encore.

Luc, 17 novembre 1993

24 août

SAINT BARTHÉLÉMY

Ce cahier ne peut rester à l'abri de cette violence. Elle me traverse. Oui. Être ton corps ici nous expose à cette violence qui pour le moment ne nous vise pas.

Christophe, 20 août 1993

25 août

SAINT LOUIS

Quel chrétien tant soit peu ouvert et attentif n'a pas été frappé de voir des amis, des voisins musulmans, lui restituer l'Évangile en parole et en actes ?

Christian, 30 mai 1995

26 août

SAINT CÉSAIRE D'ARLES

Être chenille et aimer en tous ses frères le papillon en devenir… Et cela sans frontières ni dans l'espace, ni dans le temps.

Christian, 25 août 1973

27 août

SAINTE MONIQUE

Jésus nous apprend à murmurer, à gémir, à pleurer : Abba, papa plus grand d'Amour.

Christophe, 13 mars 1994

28 août

SAINT AUGUSTIN

Notre vocation nous tient proches des chrétiens algériens qui doivent associer la vie cachée et l'Évangile, en restant dans la mêlée.

Christian, 1994

29 août

SAINTE JEANNE JUGAN

Si Dieu est vraiment unique, le Dieu de l'islam et le Dieu de Jésus-Christ ne font pas nombre.

Christian, sans date

30 août

SAINT FIACRE

Sans la résurrection, notre vie plongerait dans la tristesse et le désespoir.

Luc, 18 avril 1987

31 août

SAINT ARISTIDE

Dire merci pour ce qu'il est possible de vivre, un bonheur risqué mais vrai, qui se goûte dans la persévérance.

Christian, 19 mars 1996

1er septembre

SAINT GILLES

Chaque fois que nous quittons le souci de nous-même pour le souci de l'autre, nous vivons cette Foi, qui est, peut-être à notre insu, Foi en Dieu.

Luc, 8 mars 1994

2 septembre

SAINTE INGRID

Je sais n'avoir que ce petit jour d'aujourd'hui à donner à Celui qui m'appelle pour TOUT JOUR mais comment lui dire oui pour toujours si je ne lui donne pas ce petit jour-ci…

Christian, 30 janvier 1990

3 septembre

SAINT GRÉGOIRE LE GRAND

Ce visage est aimé ; infiniment regardé. Ce visage m'attend. Le repas de Jésus déjà nous offre un lieu où s'échangent nos regards, le mien est celui de la foi, de l'espérance, de la charité ; le tien est envahi par l'Amour.

Christophe, sans date

4 septembre

SAINTE ROSALIE

L'amour fraternel est sans doute la plante la plus délicate au monde. Mais c'est aussi la plante la plus vivace car Jésus en a payé le prix.

Christian, 1990

5 septembre

BIENHEUREUSE MÈRE TERESA DE CALCUTTA

Vouloir voir ou imaginer l'avenir, c'est faire de l'espérance fiction, et il me semble que c'est une certaine façon de la violer… Laissons l'Esprit Saint faire son travail.

Christian, 8 mars 1996

6 septembre

BIENHEUREUX BERTRAND

C'est Toi le maître du combat, Tu nous imposes les règles de l'Amour crucifié. Nos ennemis, Tu les livres entre nos mains ouvertes de priants.

Christophe, 19 janvier 1994

7 septembre

SAINTE REINE

C'est dans l'acte même de donner que nous trouvons la vie.

Luc, 8 mars 1994

8 septembre

NATIVITÉ DE LA VIERGE MARIE

Il me semble appartenir à la catégorie de ce que j'appelle « les martyrs de l'espérance », ceux dont on ne parle jamais parce que c'est dans la patience du quotidien qu'ils versent tout leur sang.

Christian, 5 juillet 1994

9 septembre

SAINT PIERRE CLAVER

Si l'Évangile réellement a lieu au désert – dans les déserts de notre cœur et jusqu'en ses enfers –, c'est parce que toi, Jésus, tu y es allé dans la docilité de l'Esprit : librement.

Christophe, 6 mars 1995

10 septembre

SAINT AUBERT

La joie secrète de l'Esprit sera toujours d'établir la communion et de rétablir la ressemblance, en jouant avec les différences.

Christian, 1993

11 septembre

SAINT JEAN-GABRIEL PERBOYRE

Venant de notre cloche ou du muezzin, les appels à la prière établissent entre nous une saine émulation réciproque.

Christian, sans date

12 septembre

BIENHEUREUX APOLLINAIRE FRANCO

Comment tenir si je ne tiens à toi : tu me donnes ta vie pour que je vive jusqu'à mourir, s'il le faut.

Christophe, 23 juillet 1995

13 septembre

SAINT JEAN CHRYSOSTOME

Je souhaite que mes frères de l'Atlas m'admettent définitivement parmi eux, me donnant de vivre dans la PRIÈRE, au service de l'Église d'Algérie, à l'écoute de l'âme musulmane, s'il plaît à Dieu jusqu'au dernier don de ma mort.

Christian, 14 septembre 1976

14 septembre

FÊTE DE LA CROIX GLORIEUSE

Depuis mon plus jeune âge, tu m'as appelé à te suivre, SEIGNEUR. Aujourd'hui, je veux totalement me livrer à TOI, et à ta CROIX GLORIEUSE, pour l'amour du monde de la souffrance. Que je sois TON témoin joyeux afin qu'il découvre ton immense amour !

Christophe, 15 août 1982

15 septembre

NOTRE-DAME DES DOULEURS

Notre vie est semblable à un arbre dépouillé peu à peu de ses feuilles. Le vide se fait autour de nous. Mais si Dieu est au cœur de nos vies, que de choses s'en trouvent modifiées.

Luc, 20 mars 1993

16 septembre

SAINT CORNEILLE ET SAINT CYPRIEN

Parmi nous, je crois que nul ne fait cas de sa vie. Quel désencombrement pour une communauté.

Christophe, 23 août 1995

17 septembre

SAINTE HILDEGARDE DE BINGEN

Nous avons donné notre cœur « en gros » à Dieu, et cela nous coûte fort qu'il nous le prenne au détail.

Christian, 1994

18 septembre

SAINTE NADÈGE

Il faut risquer le tout dans les tout petits riens de tous les jours.

Christophe, sans date

19 septembre

SAINTE ÉMILIE

N'est-ce pas Dieu qui prononce secrètement son nom dans le cœur de ceux qu'il choisit ?

Luc, sans date

20 septembre

SAINTS MARTYRS DE CORÉE

Aujourd'hui, tu dis : ne résistez pas aux méchants. Aimez vos ennemis. Priez pour eux.

Christophe, 18 février 1996

21 septembre

SAINT MATTHIEU

Dans l'écoute nécessaire de l'autre, le chrétien sera stimulé en permanence par l'exemple de Jésus.

Christian, 1984

22 septembre

SAINT MAURICE ET SES COMPAGNONS

Plus immense est l'espérance, mieux elle perçoit d'instinct qu'elle ne saurait s'accomplir qu'en investissant résolument dans une longue patience avec soi, avec l'autre, avec Dieu même.

Christian, 1984

23 septembre

SAINT PADRE PIO

C'est bien la prière qui m'aide à donner à chacun de mes frères sa juste place, par-delà un vivre ensemble souvent éprouvant.

Christian, 8 décembre 1978

24 septembre

SAINT SILOUANE, MOINE

Je goûte ce matin l'immense joie – imméritée ô combien – d'être ton disciple aimé.

Christophe, 8 février 1995

25 septembre

SAINT CLÉOPHAS, DISCIPLE

La Parole de Dieu se présente aux uns et aux autres comme un viatique pour cette traversée du désert.

Christian, septembre 1989

26 septembre

SAINT CÔME ET SAINT DAMIEN

Nous t'en prions, Seigneur, nous qui allons du passé vers ce qui est nouveau : fais-nous quitter ce qui ne peut que vieillir, mets en nous un esprit de renouveau et de sainteté.

Christophe, 18 mars 1994

27 septembre

SAINT VINCENT DE PAUL

Je crois que l'Église est encore une enfant. Le Christ auquel elle croit est démesurément plus grand qu'elle ne l'imagine.

Christian, septembre 1989

28 septembre

SAINT VENCESLAS

Je crois à la vie du monde à venir et je l'attends. Cette vie, que sera-t-elle ?

Luc, 16 mars 1991

29 septembre

SAINTS MICHEL, GABRIEL ET RAPHAËL, ARCHANGES

Vouloir que tous les hommes soient sauvés et déjà les voir tels.

Christian, 28 juillet 1990

30 septembre

SAINT JÉRÔME

Rester ce que nous sommes dans ce contexte, c'est annoncer concrètement un Évangile d'amour pour tous qui implique le respect de la différence. Celle-ci est une vraie bonne nouvelle.

Christian, 21 novembre 1995

1er octobre

SAINTE THÉRÈSE DE L'ENFANT-JÉSUS

Je me sens vide : privé des mots tout à l'heure prononcés avec persuasion et conviction : « aimer », « prier ». Ils tiraient force, lumière, vérité, non pas de moi mais bien de l'Évangile.

Christophe, 20 août 1993

2 octobre

LES SAINTS ANGES GARDIENS

La communion des saints : ce dernier mystère indique le lieu de la rencontre sans donner prise sur le chemin qui y conduit.

Christian, sans date

3 octobre

SAINT DENYS L'AÉROPAGITE

J'ai 82 ans. Un homme âgé n'est qu'une chose misérable, à moins que son âme chante.

Luc, 15 mars 1996

4 octobre

SAINT FRANÇOIS D'ASSISE

Que l'Esprit produise en moi, en nous, le fruit de l'Arbre : amour, joie, paix, patience, bonté, bienveillance, foi, humilité, maîtrise de soi : la ressemblance selon ta grâce.

Christophe, 11 octobre 1994

5 octobre

SAINTE FAUSTINE KOWALSKA

Ici, pas mal d'allées et venues. L'impression que bien des choses restent précaires, mais… que nous sommes voués au précaire et que cela devait se voir, se savoir et s'expérimenter dans la joie.

Christian, 10 janvier 1976

6 octobre

SAINT BRUNO

Les petits gestes coûtent souvent beaucoup, surtout quand il faut les répéter chaque jour.

Christian, 1994

7 octobre

NOTRE-DAME DU ROSAIRE

Nous sommes tous des boiteux, des pauvres à peine remis de la faiblesse de leur péché et qui souvent retombent.

Luc, sans date

8 octobre

SAINTE PÉLAGIE

La foi de l'autre est un don de Dieu, mystérieux bien sûr. Il impose donc le respect…

Christian, sans date

9 octobre

SAINT DENIS DE PARIS

Dialogue existentiel donc à la fois du manuel et du spirituel, du quotidien et de l'éternel, tant il est vrai que l'homme ou la femme qui viennent nous solliciter ne peuvent être accueillis que dans leur réalité concrète et mystérieuse d'enfants de Dieu.

Christian, 1989

10 octobre

SAINT HUGOLIN

Puisse l'Emmanuel nous donner sa Paix, pour qu'à notre tour nous la donnions à toutes celles et à ceux qui viendront vers nous… et s'écrier intérieurement « quelle Paix ! »

Michel, 28 décembre 1994

11 octobre

SAINT JEAN XXIII

Un seul enseignant, l'Esprit qui nous apprend Jésus Christ, notre seul Maître. Lui seul nous révèle le seul Père.

Christophe, 14 mars 1995

12 octobre

SAINT FÉLIX

Il y a un parrainage auquel je me suis senti appelé, et c'est celui de l'ESPÉRANCE.

Christian, 25 août 1973

13 octobre

SAINT ÉDOUARD LE CONFESSEUR

Aurons-nous l'audace et la simplicité d'emprunter ensemble une même échelle si nous refusons dès l'abord de croire qu'un même Esprit de Dieu nous y invite ?

Christian, 1989

14 octobre

SAINTE CALIXTE

Alors qu'un bulldozer, au nom des militaires, massacre la forêt…
Il nous est demandé de devenir ces arbres qui existent silencieusement dans l'obscurité et qui, par leur présence vitale, purifient l'air !

Christophe, sans date

15 octobre

SAINTE THÉRÈSE D'AVILA

La patience, c'est la vertu de l'espérance, et il n'y a d'espérance que si on accepte de ne pas voir.

Christian, 8 mars 1996

16 octobre

SAINTE MARGUERITE-MARIE ALACOQUE

Chaque minute est un pas vers la mort, c'est-à-dire vers l'Amour.

Luc, sans date

17 octobre

SAINT IGNACE D'ANTIOCHE

L'autre me concerne. C'est en tant qu'il est autre, étranger, musulman, qu'il est mon FRÈRE.

Christian, 1995

18 octobre

SAINT LUC

Vivre c'est un acte de foi à partir d'un manque. Sans Toi, je défaille, je péris, je tombe. Sois mon soutien, mon abri dans la détresse, fais-moi vivre.

Christophe, 6 novembre 1994

19 octobre

SAINT RENÉ GOUPIL

Je suis plutôt débordé par le Don de Dieu. C'est normal, car Dieu est plus grand que notre cœur.

Christophe, 1er janvier 1990

20 octobre

SAINTE ADELINE

Nous pouvons nous attendre vraiment à du nouveau chaque fois que nous faisons l'effort de déchiffrer ses signes aux horizons des mondes et des cœurs en nous mettant à l'écoute, et aussi à l'école de l'autre, du musulman en l'occurrence.

Christian, sans date

21 octobre

BIENHEUREUX NICOLAS BARRÉ

Entre les piliers de l'islam et les observances essentielles de toute vie consacrée, il y a des correspondances évidentes qui en font comme les échelons successifs pour une ascension commune.

Christian, septembre 1989

22 octobre

SAINT JEAN PAUL II

Pour Jésus, le bout de la route, c'est Dieu. Notre route va aussi vers Dieu par la résurrection. En nous, chaque jour la résurrection se fait dans la douleur.

Luc, 25 mars 1995

23 octobre

SAINT JEAN DE CAPISTRAN

Le meurtre est une réalité présente dans notre histoire sainte. Et l'histoire sainte continue, c'est celle d'aujourd'hui, dans laquelle nous sommes.

Christian, 8 mars 1996

24 octobre

SAINT ANTOINE-MARIE CLARET

Nos voisins ne nous imaginent pas ailleurs qu'ici, avec eux. C'est avec eux qu'il y a lieu de vivre notre vocation monastique.

Christophe, 2 juillet 1994

25 octobre

SAINT CRÉPIN

Je pourrai, s'il plaît à Dieu, plonger mon regard dans celui du Père pour contempler avec lui ses enfants de l'islam, tels qu'il les voit.

Christian, décembre 1993

26 octobre

SAINT DIMITRI

Tous ceux qui s'efforcent de faire œuvre de paix en ce monde peuvent déjà se reconnaître comme frères.

Christian, 1984

27 octobre

SAINTE ANTOINETTE

Le temps ordinaire, c'est celui de toutes choses nouvelles puisque de Toi Père, je suis l'Aimé de chaque instant : inspire-moi d'en vivre.

Christophe, 8 janvier 1996

28 octobre

SAINT SIMON ET SAINT JUDE

La véritable eau vive est celle que nul ne peut faire jaillir, ni contenir.

Christian, 1983

29 octobre

BIENHEUREUSE CHIARA LUCE BADANO

Il me reste tout ce jour pour me décider au bonheur que tu dis : Heureux vous les pauvres.

Christophe, 12 février 1995

30 octobre

BIENHEUREUSE BIENVENUE BOJANI

Nous savons bien que le courage du quotidien est celui qui nous prend le plus au dépourvu.

Christian, 8 mars 1996

31 octobre

SAINT QUENTIN

Rejoignons la cohorte de ces témoins que nous déclarons justes et saints parce qu'ils ont su espérer contre toute espérance.

Christian, 2 avril 1994

1er novembre

FÊTE DE TOUS LES SAINTS

Nous sommes ce peuple en marche entre ciel et terre, s'émerveillant de discerner ce devenir de communion dont l'Esprit Saint tisse la trame entre tous les hommes.

Christian, 1er novembre 1981

2 novembre

COMMÉMORATION DE TOUS LES FIDÈLES DÉFUNTS

Tous ceux que nous avons aimés et qui sont morts nous tendent la main, non vers la terre et la mort, mais vers Dieu.

Luc, 18 septembre 1994

3 novembre

SAINT HUBERT

La vie commune continue d'être une lente conversion où s'élabore la communion des saints.

Christian, 13 août 1986

4 novembre

SAINT CHARLES BORROMÉE

Une façon de correspondre à cette vocation que Jésus a inaugurée, c'est que la langue de notre prière et de notre foi rejoigne ce que nous vivons, c'est accorder nos dires et nos faire.

Christian, mars 1996

5 novembre

SAINTE SYLVIE

On habite ensemble une terre d'espérance. On la travaille. On est des habitants de ta maison. On y vit. On y prie. On y demeure jusqu'à l'heure de mourir. Ensemble, on habite ta main.

Christophe, 7 mai 1995

6 novembre

SAINT THÉOBALD

Nos chemins convergent quand une même soif nous attire au même puits.

Christian, sans date

7 novembre

SAINT ENGELBERT

Disponibilité à Dieu et à l'autre différent qui laisse béante et infinie la voie de l'Amour, c'est-à-dire de l'avenir commun.

Christian, 1989

8 novembre

BIENHEUREUSE ELISABETH DE LA TRINITÉ

Les regards du Seigneur sont fixés sur ceux qui l'aiment, puissante protection, soutien plein de force, abri contre le vent du désert, ombrage contre l'ardeur du midi, protection contre les obstacles, assurance contre les chutes.

Christophe, 25 février 1995

9 novembre

DÉDICACE DE LA BASILIQUE DU LATRAN

L'unité encore cachée appartient à la foi des uns et des autres.

Christian, sans date

10 novembre

SAINT LÉON LE GRAND

Que de fois il m'arrive de « rêver » aux fêtes de l'éternelle lumière, enfoui quotidiennement *au milieu des frères* qui sont écrasés, prisonniers au sens propre et au sens figuré, défigurés, mal-aimés, mais qui attendent de voir les ténèbres se dissiper !

Célestin, 1980

11 novembre

SAINT MARTIN DE TOURS

Si la croix nous ordonne à la contemplation, c'est bien parce qu'elle est d'abord pour nous, comme pour Jésus, un mystère de vie intérieure.

Christian, février 1993

12 novembre

SAINT CHRISTIAN

Je crois le moment venu de m'enraciner plus avant dans le sens d'un appel tenace. [...] J'éprouve aussi le désir de placer le surcroît d'incertitude où nous vivons *hic et nunc* sous le signe d'un surcroît de confiance et d'abandon.

Christian, 14 septembre 1976

13 novembre

SAINT BRICE

Vous demeurez tous bien présents dans ma prière qui ne connaît ni le temps qui passe, ni l'espace qui sépare… Et pour chacun, chacune de vous, que le Seigneur vous donne jour après jour force et sérénité.

Bruno, 24 mars 1996

14 novembre

SAINT SIDOINE

Le martyre de l'espérance : tel est le « risque » que nous « vivons quotidiennement » par ici ; depuis longtemps il s'est imposé à nous. C'est un choix qui doit pouvoir tenir, même actuellement.

Christian, 17 juillet 1994

15 novembre

SAINT ALBERT LE GRAND

Craindre Dieu. C'est vivre de sa présence et cette crainte exclut toute autre crainte.

Luc, 31 mars 1995

16 novembre

SAINTE MARGUERITE D'ÉCOSSE

Les jours, les semaines, les mois, les années s'écoulent dans la monotonie. Mais cette fidélité à cette marche monotone est l'acte de Foi que Dieu réclame, acte de Foi qui contient l'Espérance et qui sans nul doute s'identifie à l'Amour.

Luc, 12 novembre 1965

17 novembre

SAINTE ELISABETH DE HONGRIE

Étranger, prisonnier, nu, affamé, tu en appelles à l'espérance : c'est à moi de la mettre en œuvre.

Christophe, Pâques 1995

18 novembre

SAINTE ROSE-PHILIPPINE DUCHESNE

Quand nous communions, nous recevons le Christ entrant en relation avec nous, mais dans le même moment, nous ouvrons la porte à tous ceux avec qui il est en relation d'amour.

Christian, 1990

19 novembre

SAINT TANGUY

Le bonhomme est souvent tiré à hue et à dia […]. Qu'il ne se fatigue pas d'espérer, très loin, très seul, qu'il ait aussi le courage des petits moyens qui incarnent l'espérance dans la patience du quotidien.

Christian, décembre 1980

20 novembre

SAINT EDMOND LE MARTYR

Il me semble aujourd'hui qu'en effet, Jésus est pour nous celui qui marche, celui qui nous ouvre un chemin de lumière, là même où tout semble bouché.

Christophe, 6 août 1993

21 novembre

PRÉSENTATION DE LA VIERGE MARIE AU TEMPLE

Le bonheur ici est risqué, mais vrai. Il se goûte dans la persévérance.

Christian, 21 novembre 1995

22 novembre

SAINTE CÉCILE

La Paix défie toute logique humaine, tout comme la Résurrection. De l'enseignement de Jésus on avait retenu la Croix… sans aller jusqu'au troisième jour : celui de la PAIX du Ressuscité. La PAIX soit avec vous !

Christian, 29 mars 1986

23 novembre

SAINT CLÉMENT, PAPE

Si on veut être heureux, on va droit à la déception, au malheur : « Si tu veux être heureux, rends quelqu'un heureux ».

Luc, 8 mars 1994

24 novembre

SAINTS MARTYRS DU VIETNAM

Je connais au moins un frère très aimé, musulman convaincu, qui a donné sa vie par amour d'autrui, concrètement, dans le sang versé. Témoignage irrécusable que j'accueille comme une chance inouïe.

Christian, 1989

25 novembre

SAINTE CATHERINE D'ALEXANDRIE

Aujourd'hui, j'entends au fond de moi ton bonheur d'être en moi : Toi, l'Aimé de l'Amour.

Christophe, 19 mars 1994

26 novembre

BIENHEUREUSE DELPHINE

La miséricorde est le sceau de l'alliance de Dieu avec sa Création. Elle signe chacun de ses dons.

Christian, 1983

27 novembre

SAINT SÉVERIN

Joseph a ouvert bien grands ses yeux à la Lumière. Et il a écouté d'une oreille attentive, persévérante et tenace la voix de son Seigneur. Il a observé la Parole, de toutes ses forces, et de toute l'intelligence de son cœur… Et il a rencontré le Désir de Dieu.

Christophe, 19 mars 1991

28 novembre

SAINTE CATHERINE LABOURÉ

Il y a une présence du « Dieu parmi les hommes » que nous devons assumer, nous.

Christian, 8 mars 1996

29 novembre

SAINT SATURNIN

Tenir à Lui nous tient ensemble, et nous fait rester ici, maison de sa Prière et de sa Paix, à Tibhirine, en Algérie, aujourd'hui, chaque jour.

Christian, 14 décembre 1995

30 novembre

SAINT ANDRÉ

La foi c'est de commencer avec le Verbe : de parler vrai, de parler ouvert. C'est toute l'existence en actes de je t'aime.

Christophe, 3 avril 1994

1er décembre

BIENHEUREUX CHARLES DE FOUCAULD

Ma prière est devenue gratuite pour rejoindre celle de mes frères et sœurs musulmans. Mon seul but est de mettre la prière de Jésus en cette terre dans l'esprit du Père de Foucauld.

Bruno, sans date

2 décembre

BIENHEUREUX JEAN RUYSBROECK

Nous sommes dans le temps de l'Avent, et nous attendons le Seigneur. Malheureux sont ceux qui n'attendent personne. À notre âge, l'Avent devient réel, car la rencontre avec Dieu ne peut tarder.

Luc, 12 décembre 1985

3 décembre

SAINT FRANÇOIS-XAVIER

Fais que jamais je ne sois séparé de toi. Seigneur, à qui irions-nous ? Tu parles de vivre toujours.

Christophe, 22 février 1995

4 décembre

SAINT JEAN DAMASCÈNE

Refléter la présence miséricordieuse de son Créateur…

Christian, 1983

5 décembre

SAINT GÉRALD

Nous comprenons mieux la vocation d'Abraham : « Pars et marche en ma présence. » C'est à la fois actif et contemplatif. Et nous sommes appelés. Notre vocation, c'est de marcher en sa présence. Quand on parle de prière continuelle, c'est cela : marche en ma présence.

Christian, 1990

6 décembre

SAINT NICOLAS

Je remercie le Seigneur d'être ici et en cet état de vie. C'est simple, caché comme la graine enfouie dans le sol qui germera en son temps. Vie de foi et de grande espérance. Ici comme dans le monde entier, Dieu a jeté la semence de son Royaume, mais tout enfantement a ses douleurs.

Bruno, 8 janvier 1996

7 décembre

SAINT AMBROISE DE MILAN

Le doute est là, et la folie d'aimer tout seul un Dieu absent et captivant.

Christian, Noël 1979

8 décembre

IMMACULÉE CONCEPTION DE LA VIERGE MARIE

Annonce faite à Marie… à nous. Il y a là quelque chose de nouveau : à entendre, à toucher, à voir, à reconnaître. Le dogme de l'Immaculée Conception n'est pas ici formulé, mais il apparaît : comme une expérience de la foi.

Christophe, 8 décembre 1995

9 décembre

SAINT PIERRE FOURIER

Ne pas tuer soi-même, le temps (les délais de Dieu), la confiance, la mort (banalisation), le pays, l'autre, l'Église. Les cinq piliers de la Paix : patience, pauvreté, présence, prière, pardon.

Christian, février 1996

10 décembre

SAINTE EULALIE

La mort, c'est étroit : un resserrement de toute l'existence pour aller vers un au-delà impossible. C'est étroit mais c'est une porte. Et c'est le signe que Tu m'as donné – Toi, la Porte.

Christophe, 26 octobre 1994

11 décembre

SAINT DAMASE

Nous avons la conviction qu'en Algérie, comme partout dans le monde aujourd'hui, il est important d'apprendre à vivre ensemble et à s'accepter différents pour s'enrichir mutuellement. Dans le langage de la foi, cela veut dire servir le dessein de Dieu.

Christian, 21 mai 1994

12 décembre

BIENHEUREUSE VIERGE
MARIE DE GUADALUPE

Nous sommes les frères de l'Oiseau pascal ! [...] C'est devenir un peu fou que de comprendre que jamais Il ne nous oubliera ! C'est impossible, depuis qu'Il a à ses côtés son bien-aimé crucifié-glorifié !

Célestin, 28 mars 1994

13 décembre

SAINTE LUCIE

Ta promesse tout entière est pure. Et c'est d'espérer qui peut me rendre pur, oui, moi aussi, par toi, en toi, avec toi.

Christophe, 2 septembre 1994

14 décembre

SAINT JEAN DE LA CROIX

À part cela, nous nous « stabilisons » plutôt bien, c'est-à-dire dans l'instabilité inhérente à tout appel à vivre de la foi.

Christian, 5 mai 1976

15 décembre

SAINTE VIRGINIE BRACELLI

Nous croyons être levain du Christ dans cette pâte humaine précise. Et nous sommes redevables à cette pâte qui nous accepte en son sein, avec notre différence clairement affichée. Dans l'attente du Royaume…

Christian, 8 juillet 1994

16 décembre

SAINTE ALICE

Tout le monde est malade du meurtre qui infeste ce temps. Et tu ouvres sur la croix le temps de guérir.

Christophe, 15 août 1994

17 décembre

SAINT BRIAC

Le don de soi à l'Absolu de Dieu, la prière régulière, le jeûne, le partage de l'aumône, la conversion du cœur, le mémorial incessant de la Présence, la confiance en la providence, l'urgence de l'hospitalité sans frontières, l'appel au combat spirituel, au pèlerinage qui est aussi intérieur… En tout cela comment ne pas reconnaître l'Esprit de sainteté dont nul ne sait d'où il vient, ni où il va, d'où il descend ni par où il monte.

Christian, septembre 1989

18 décembre

SAINT GATIEN

Dieu unique et saint qui nous attire à lui au jour le jour, au GRAND JOUR de la rencontre avec lui, par ce doux frère aîné qu'est Jésus entré le premier dans ce Temple merveilleux et éternel.

Célestin, 13 mars 1994

19 décembre

BIENHEUREUX URBAIN V

La louange monastique et la prière musulmane ont une parenté spirituelle qu'il faut apprendre à célébrer davantage. Sous le regard de Celui-là qui seul appelle à la prière et nous demande d'être ensemble le « sel de la terre ».

Christian, sans date

20 décembre

SAINT PHILOGONE

L'impossible arrive quand la confiance le laisse advenir.

Christophe, 20 décembre 1994

21 décembre

SAINT PIERRE CANISIUS

Avec l'incarnation, Dieu est entré en fraternité, mais il faut poursuivre l'incarnation jusqu'au bout, et le plus extraordinaire du mystère de l'incarnation, ce n'est pas que Dieu se soit fait homme, mais que l'homme soit en Dieu.

Christian, 1990

22 décembre

SAINTE FRANÇOISE-XAVIÈRE CABRINI

Tu m'attires là : être aimé. Peu à peu tombent mes résistances.

Christophe, 7 juin 1994

23 décembre

SAINT ARMAND

Le Christ de gloire est présent sous les espèces de toute humanité, plus spécialement sous celles du pauvre et du petit : tout homme est un Christ en gestation.

Christian, 19 mai 1994

24 décembre

SAINTE ADÈLE

La vie d'un homme va de naissance en naissance. […] Dans notre vie, il y a toujours un enfant à mettre au monde – l'enfant de Dieu que nous sommes.

Christian, 8 mars 1996

25 décembre

NATIVITÉ DE NOTRE SEIGNEUR
JÉSUS-CHRIST

Nuit obscure et l'Étoile du matin éclaire chaque visage. Nous sommes tous vivants. [...] Il suffit de nous en tenir au pouvoir de devenir enfants de Dieu, de Dieu ici engendrés.

Christophe, 25 décembre 1993

26 décembre

SAINT ÉTIENNE

Je suis malade, cœur et poumons, mais tant qu'il reste un peu de jour, dans un contexte difficile, je me dois aux autres – aussi je ne peux quitter Tibhirine. « Que ton règne vienne. »

Luc, janvier 1996

27 décembre

SAINT JEAN L'ÉVANGÉLISTE

Impossible de ne pas renaître à la lumière quand s'annonce, au creux de la nuit, la naissance de l'enfant au cœur de paix : c'est bien la nuit que Dieu voit le jour.

Christian, décembre 1993

28 décembre

FÊTE DES SAINTS INNOCENTS

Nous sommes vraiment moines en continuant à vivre ici le mystère même de Noël, du Dieu vivant avec les hommes… Et s'exposant par là, dès le berceau, au massacre des innocents.

Christian, 4 janvier 1996

29 décembre

SAINT THOMAS BECKET

Ne jamais désespérer. Tu n'es pas un mirage, un ruisseau trompeur. Il y a dans ma vie, là, un trésor, une perle.

Christophe, 27 juillet 1994

30 décembre

SAINT ROGER

Dieu est plus grand, Allah Akbar. Le Christ aussi est plus grand, inconcevablement plus grand.

Christian, sans date

31 décembre

SAINT SYLVESTRE

Le monde a besoin de fontaines de miséricorde…

Christian, 8 décembre 1978

QUAND UN À-DIEU S'ENVISAGE...

Testament spirituel de Christian de Chergé

S'il m'arrivait un jour – et ça pourrait être aujourd'hui – d'être victime du terrorisme qui semble vouloir englober maintenant tous les étrangers vivant en Algérie, j'aimerais que ma communauté, mon Église, ma famille se souviennent que ma vie était DONNÉE à Dieu et à ce pays.

Qu'ils acceptent que le Maître unique de toute vie ne saurait être étranger à ce départ brutal. Qu'ils prient pour moi : Comment serais-je trouvé digne d'une telle offrande ?

Qu'ils sachent associer cette mort à tant d'autres aussi violentes, laissées dans l'indifférence de l'anonymat. Ma vie n'a pas plus de prix qu'une autre. Elle n'en a pas moins non plus. En tout cas, elle n'a pas l'innocence de l'enfance. J'ai suffisamment vécu pour me savoir complice du mal qui semble, hélas, prévaloir dans le monde, et même de celui-là qui me frapperait aveuglément.

J'aimerais, le moment venu, avoir ce laps de lucidité qui me permettrait de solliciter le pardon de Dieu et celui de mes frères en humanité, en même temps que de pardonner de tout cœur à qui m'aurait atteint.

Je ne saurais souhaiter une telle mort. Il me paraît important de le professer. Je ne vois pas, en effet, comment je pourrais me réjouir que ce peuple que j'aime soit indistinctement accusé de mon meurtre. C'est trop cher payer ce qu'on appellera, peut-être, la

« grâce du martyre » que de la devoir à un Algérien, quel qu'il soit, surtout s'il dit agir en fidélité à ce qu'il croit être l'islam.

Je sais le mépris dont on a pu entourer les Algériens pris globalement. Je sais aussi les caricatures de l'islam qu'encourage un certain islamisme. Il est trop facile de se donner bonne conscience en identifiant cette voie religieuse avec les intégrismes de ses extrémistes. L'Algérie et l'islam, pour moi, c'est autre chose, c'est un corps et une âme.

Je l'ai assez proclamé, je crois, au vu et au su de ce que j'en ai reçu, y retrouvant si souvent ce droit fil conducteur de l'Évangile appris aux genoux de ma mère, ma toute première Église, précisément en Algérie et, déjà, dans le respect des croyants musulmans.

Ma mort, évidemment, paraîtra donner raison à ceux qui m'ont rapidement traité de naïf, ou d'idéaliste : « Qu'il dise maintenant ce qu'il en pense ! » Mais ceux-là doivent savoir que sera enfin libérée ma plus lancinante curiosité. Voici que je pourrai, s'il plaît à Dieu, plonger mon regard dans celui du Père pour contempler avec Lui ses enfants de l'islam tels qu'Il les voit, tout illuminés de la gloire du Christ, fruits de Sa Passion, investis par le don de l'Esprit dont la joie secrète sera toujours d'établir la communion et de rétablir la ressemblance, en jouant avec les différences.

Cette vie perdue, totalement mienne, et totalement leur, je rends grâce à Dieu qui semble l'avoir voulue tout entière pour cette JOIE-là, envers et malgré tout. Dans ce MERCI où tout est dit, désormais, de ma vie, je vous inclus bien sûr, amis d'hier et d'aujourd'hui, et vous, ô amis d'ici, aux côtés de ma mère et de mon père, de mes sœurs et de mes frères et des leurs, centuple accordé comme il était promis !

Et toi aussi, l'ami de la dernière minute, qui n'auras pas su ce que tu faisais. Oui, pour toi aussi je le veux ce MERCI, et cet « À-DIEU » en-visagé de toi. Et qu'il nous soit donné de nous retrouver, larrons heureux, en paradis, s'il plaît à Dieu, notre Père à tous deux. Amen ! Inch' Allah.

Alger, 1er décembre 1993
Tibhirine, 1er janvier 1994

Christian

LES FRÈRES DE NOTRE-DAME DE L'ATLAS

Frère Christian (Christian de Chergé), 59 ans, prieur du monastère Notre-Dame de l'Atlas. Arrive dans l'Atlas en 1971. Assassiné le 21 mai 1996.

Frère Christophe (Christophe Lebreton), 45 ans, sous-prieur et maître des novices. Entre à l'abbaye de Tamié en 1974, arrive en Algérie en 1987. Assassiné le 21 mai 1996.

Frère Luc (Paul Dochier), 82 ans, médecin. Entré à l'abbaye d'Aiguebelle en 1941, arrive en Algérie en 1946. Assassiné le 21 mai 1996.

Frère Michel (Michel Fleury), 52 ans. Entré à l'abbaye de Bellefontaine en 1980, arrive à Tibhirine en 1984. Assassiné le 21 mai 1996.

Frère Bruno (Christian Lemarchand), 66 ans, supérieur de l'annexe du Maroc. Entré à l'abbaye de Bellefontaine en 1981, arrive en Algérie en 1989, part à Fès en 1991. Assassiné le 21 mai 1996.

Frère Célestin (Célestin Ringeard), 62 ans. Entré à l'abbaye de Bellefontaine en 1983, arrive en Algérie en 1986. Assassiné le 21 mai 1996.

Frère Paul (Paul Favre-Miville), 57 ans, Entré à l'abbaye de Tamié en 1984, arrive à Tibhirine en 1989. Assassiné le 21 mai 1996.

Frère Amédée (Amédée Noto), 1920-2008, est entré à Tibhirine en 1946. Échappant à l'enlèvement en 1996, il vécut ensuite à Alger et Midelt. Il est décédé le 27 juillet 2008 à Aiguebelle (Drôme).

Frère Jean-Pierre (Jean-Pierre Schumacher), né en 1924, entre à l'abbaye de Timadeuc en 1957, arrive à Tibhirine en 1964. Il échappe à l'enlèvement en 1996 et poursuit toujours sa vie monastique à Midelt, au Maroc.

CHRONOLOGIE

7 mars 1938 : le monastère Notre-Dame de l'Atlas est fondé à Tibhirine.

1946 : entrée de frère Luc au monastère Notre-Dame de l'Atlas.

1971 : arrivée de Christian de Chergé à Tibhirine.

1984 : Christian de Chergé est élu prieur du prieuré de Tibhirine.

1er décembre 1993 : fin de l'ultimatum des islamistes qui demandent aux étrangers de quitter l'Algérie.

24 décembre 1994 : première visite des terroristes islamistes.

27 mars 1996 : enlèvement de sept moines à Tibhirine.

21 mai 1996 : exécution de Christian de Chergé et de ses frères.

30 mai 1996 : les têtes des sept moines sont retrouvées à Médéa.

2 juin 1996 : messe de funérailles des sept frères et du cardinal Duval à Notre-Dame d'Afrique à Alger.

2000 : installation de Notre-Dame de l'Atlas à Midelt (Maroc).

Septembre 2010 : sortie sur les écrans du film *Des hommes et des dieux*.

Octobre 2013 : le procès en béatification des dix-neuf martyrs d'Algérie – dont les sept moines de Tibhirine – est introduit à Rome.

BIBLIOGRAPHIE

Sept vies pour Dieu et l'Algérie, Bayard, 1996.

Christian de Chergé, *Invincible espérance*, Bayard, 1997.

Aime jusqu'au bout du feu, textes de frère Christophe Lebreton, Éditions Monte Cristo, 1997.

Bernardo Olivera, *Jusqu'où suivre ?*, Cerf, 1997.

Robert Masson, *Tibhirine. Les Veilleurs de l'Atlas*, Cerf/Saint-Augustin, 1997.

Christine Ray, *Christian de Chergé: prieur de Tibhirine*, Bayard, 1998 ; rééd Albin Michel, 2010.

Robert Masson, *Jusqu'au bout de la nuit. L'Église d'Algérie*, Cerf, 1998.

Christophe Lebreton, *Le souffle du don, journal*, Bayard, 1999.

René Guitton, *Si nous nous taisons… Le martyre des moines de Tibhirine*, Calmann-Lévy, 2001.

Rachid Koraïchi, *Les Sept Dormants, hommage aux sept moines de Tibhirine*, Actes Sud, 2004.

« Dieu pour tout jour », chapitres de Christian de Chergé 1986-1996, *Les Cahiers de Tibhirine*, n° 1, Aiguebelle, 2004.

Christophe Henning, *Petite vie des moines de Tibhirine*, Desclée de Brouwer, 2006.

John Kiser, *Passion pour l'Algérie. Les moines de Tibhirine*, traduction de Henry Quinson, Nouvelle Cité, 2006.

Christian Salenson, *Prier 15 jours avec Christian de Chergé*, Nouvelle Cité, 2006.

Raymond Mengus, *Un signe sur la montagne, les moines de Tibhirine au Maroc*,Salvator, 2008.

Jean-Luc Barré, *Tibhirine, une espérance à perte de vie*, Fayard, 2010.

Jean-Marie Lassausse et Christophe Henning, *Le jardinier de Tibhirine*, Bayard, 2010 ; rééd Points Vivre, 2014.

Étienne d'Escrivan, *Un monastère cistercien en terre d'Islam. Notre-Dame de l'Atlas au Maroc*, Cerf, 2010.

Emmanuel Audrain, *Le testament de Tibhirine*, DVD, Éditions Montparnasse, 2010.

René Guitton, *En quête de vérité*, Calmann-Lévy, 2011.

Henry Quinson, *Secret des hommes, secret des dieux, l'aventure humaine et spirituelle du film Des hommes et des dieux*, Presses de la Renaissance, 2011.

Thomas Georgeon et Christophe Henning, *Frère Luc, la biographie*, Bayard, 2011.

Jean-Pierre Schumacher et Nicolas Ballet, *L'esprit de Tibhirine*, Seuil, 2012.

Christian de Chergé et Christian Salenson, *Retraite sur le Cantique des cantiques*, Nouvelle Cité, 2013.

Anne et Hubert Ploquin, Christophe Henning, *Un couple à Tibhirine*, Médiaspaul, 2015.

Ouvrages de Christophe Henning

Risquer de vivre, avec Irène Devos, L'Atelier, 2001.

Vous, c'est la charité. Biographie de Mgr Jean Rhodain, Le Sarment, 2002.

Oser décider, avec Marie-Luce Brun, L'Atelier, 2005.

La liberté de l'amour, conversation avec Colette Nys-Mazure, Desclée de Brouwer, 2005.

Petite vie de Jean Paul II, Desclée de Brouwer, 2005.

Petite vie des moines de Tibhirine, Desclée de Brouwer, 2006.

Vivre malgré tout, avec Blandine Leurent-Deschodt, Presses de la Renaissance, 2007.

Conversation sur le mal, avec Jean-Luc Blaquart, Cerf, 2007.

Paroles de pèlerins, recueil de témoignages sur Lourdes, Bayard, 2007.

Il fallait Osée, Desclée de Brouwer, collection « Littérature ouverte », 2009.

Chercheurs en sciences, chercheurs de sens, avec Philippe Deterre et Pierre Valiron, L'Atelier, 2009.

Ils n'ont pas choisi les trottoirs de Manille, avec Dominique Lemay, Presses de la Renaissance, 2009 ; rééd Salvator, 2015.

Une vie dans le refus de la violence, avec Alain Richard, Albin Michel, 2010.

Le jardinier de Tibhirine, avec Jean-Marie Lassausse, Bayard, 2010, prix de littérature religieuse 2011.

Frère Luc, la biographie, moine, médecin et martyr à Tibhirine, avec Dom Thomas Georgeon, Bayard, 2011.

Justice et charité, entretiens avec François Soulage, Desclée de Brouwer, 2012.

Les familles, l'Église et la société : la nouvelle donne, entretiens avec Mgr Jean-Luc Brunin, Bayard, 2013.

Christian de Chergé, moine de Tibhirine, Médiaspaul, 2014.

Petite vie de Paul VI, Desclée de Brouwer, 2014.

Un couple à Tibhirine, avec Anne et Hubert Ploquin, Médiaspaul, 2015.

Cet ouvrage a été composé
par Atlant'Communication
au Bernard (Vendée)

Achevé d'imprimer en octobre 2015
sur les presses de Normandie Roto Impression s.a.s.
61250 Lonrai

Imprimé en France
N° d'impression : 1504318
Dépôt légal : octobre 2015